ISSO TUDO É ENCANTADO

Dados Internacionais de Catalogação na Publicação (CIP)
(Câmara Brasileira do Livro, SP, Brasil)

Isso tudo é encantado : histórias, memórias e conhecimentos dos povos amazônicos / organização de Luciana Gonçalves de Carvalho e Florêncio Almeida Vaz Filho. – Petrópolis, RJ : Vozes, 2023.

ISBN 978-65-5713-982-0

1. Cultura popular – Amazônia 2. Folclore indígena 3. Lendas indígenas I. Carvalho, Luciana Gonçalves de. II. Filho, Florêncio Almeida Vaz.

23-150404   CDD-028.5

Índices para catálogo sistemático:

1. Literatura infantil   028.5
2. Literatura infantojuvenil   028.5
Tábata Alves da Silva – Bibliotecária – CRB-8/9253

ISSO TUDO É ENCANTADO

HISTÓRIAS, MEMÓRIAS
E CONHECIMENTOS DOS
POVOS AMAZÔNICOS

EDITADOS POR
Florêncio Almeida Vaz Filho
Luciana G. de Carvalho

Petrópolis

© 2023, Editora Vozes Ltda.
Rua Frei Luís, 100
25689-900 Petrópolis, RJ
www.vozes.com.br
Brasil

Todos os direitos reservados. Nenhuma parte desta obra poderá ser reproduzida ou transmitida por qualquer forma e/ou quaisquer meios (eletrônico ou mecânico, incluindo fotocópia e gravação) ou arquivada em qualquer sistema ou banco de dados sem permissão escrita da editora.

CONSELHO EDITORIAL

Diretor
Volney J. Berkenbrock

Editores
Aline dos Santos Carneiro
Edrian Josué Pasini
Marilac Loraine Oleniki
Welder Lancieri Marchini

Conselheiros
Elói Dionísio Piva
Francisco Morás
Gilberto Gonçalves Garcia
Ludovico Garmus
Teobaldo Heidemann

Secretário executivo
Leonardo A.R.T. dos Santos

Editoração: Fernando Sergio Olivetti da Rocha
Diagramação: Sheilandre Desenv. Gráfico
Revisão gráfica: Alessandra Karl
Capa: Érico Lebendenco
Ilustração de capa e miolo: Diego Godinho

ISBN 978-65-5713-982-0

Este livro foi composto e impresso pela Editora Vozes Ltda.

Sumário

Apresentação, 7
Introdução – Histórias que sustentam o encantamento do mundo, 13
O bicho na boca do Tauari, 73
A Cobra Grande do Pirarara, 79
A Guaribamboia, 85
A Camará, 91
Dinaldo furou o boto, 95
O Boto, o rapaz e a namorada, 99
Medo da cabeluda, 103
O Lavrajé, 105
Eu engravidei de bicho, 109
João de Piligrino e o jacu, 113
O vulto no cemitério, 115
Seis horas da noite, no caminho da pescaria, 117
Escutei na minha casa, 121
Os visitantes, 123
O Capote, 125
O Curupira no caminho, 129
A casa da Mãe do mato, 131
Acordo com a Curupira, 135

Assovio de Curupira, 139
O mato tem dono, 143
O gritador, 147
Jurupari não grita mais, 151
O tesouro enterrado, 153
Merandolino Cobra Grande, 157
Ponta do Toronó, lugar do Merandolino, 159
Maria Rosinda, 161
Seu Norato, 163
Noratinho e Mariinha, 165
Pedra da Jandira encantada, 169
A equipe, 171

Apresentação

Luciana Gonçalves de Carvalho
Idealizadora e primeira coordenadora do Pepca
hoje Sacaca/Ufopa

O programa de extensão Patrimônio Cultural na Amazônia foi criado na Universidade Federal do Oeste do Pará (Ufopa) em 2010, com o objetivo de atender à crescente demanda por agentes capacitados para desenvolverem ações de preservação e salvaguarda do patrimônio cultural na região do Baixo Amazonas. Nos anos iniciais, o programa priorizou ações relativas à produção, à documentação e à difusão de conhecimentos sobre o patrimônio cultural regional a partir de metodologias e instrumentos adotados na esfera federal. Em outra linha de ação prioritária foram ofertados cursos e oficinas para servidores municipais, técnicos e gestores, visando ao aprimoramento das políticas públicas no setor.

Estruturando-se em duas frentes de trabalho – uma de pesquisa e outra de gestão do patrimônio – que se entrecruzam e se comunicam, o programa reuniu professores e estudantes de diferentes áreas do conhecimento e níveis de formação, atentando para a interdisciplinaridade com que seu objeto exige ser tratado. Desde sua criação tem abrangido projetos e ações que convergem para o tema amplo do patrimônio cultural, entendido como o conjunto de bens, processos, práticas e expressões tomadas como referências culturais, com ênfase na interface desses elementos com o patrimônio natural e os direitos coletivos de grupos sociais que habitam a região amazônica.

Até 2015, o programa Patrimônio Cultural na Amazônia contou com o apoio financeiro do Programa de Extensão Universitária, do Ministério da Educação (ProEXT/MEC). Criado em 2003, o ProEXT se propõe apoiar instituições públicas de Ensino Superior no desenvolvimento de programas ou projetos de extensão que contribuam para a implementação de políticas públicas, com ênfase na inclusão social. Até 2016, o ProEXT lançou diversos editais públicos para selecionar propostas de projetos e programas voltados para vários segmentos, entre os quais o de patrimônio cultural.

Graças ao financiamento obtido por meio dos referidos editais, o programa Patrimônio Cultural na Amazônia desenvolveu inúmeros projetos junto a comunidades de artesãos e extrativistas, produziu cinco filmes etnográficos, editou seis livros e contribuiu com o Instituto do Patrimônio Histórico e Artístico Nacional (Iphan) no Inventário de Referências Culturais do Sairé, na elaboração do dossiê de registro do Modo de Fazer Cuias do Baixo Amazonas e na implementação do plano de salvaguarda desse bem cultural. Em todas as ações adotaram-se métodos e abordagens teóricas diferenciadas, conforme as realidades e os problemas específicos de cada caso, mas sempre buscando a proteção de direitos coletivos associados ao patrimônio cultural, que, segundo a Constituição Federal de 1988, abrange os modos de criar, fazer e viver da população brasileira. Sem recursos próprios nos últimos anos, o programa tem focalizado exclusivamente questões locais relacionadas ao patrimônio cultural de Santarém, com a mesma perspectiva.

Nesse escopo, uma das iniciativas mais importantes do programa é a parceria com o projeto extensionista A Hora do Xibé, que remonta a 2013. A cargo do Prof. Dr. Florêncio Almeida Vaz Filho e de uma equipe multidisciplinar, A Hora do Xibé é um programa radiofônico anterior à própria criação da Ufopa, dedicado à difusão de histórias, memórias, medicina tradicional e conhecimentos de indivíduos e grupos da região do Baixo Rio Tapajós e do Baixo Amazonas. Veiculado regularmente pela Rádio Rural de Santarém desde 2007, em 2017 o referido programa passou a ser transmitido também pela internet, na plataforma Facebook, o que amplificou seu alcance. E mesmo antes já podia ser escutado amplamente pelo site e aplicativo da Rádio Rural. Atualmente, ouvintes da Amazônia ou de qualquer lugar do Brasil e do mundo podem ouvir e interagir com os apresentadores de A Hora do Xibé.

    Foi da parceria entre os programas que surgiu a proposta de publicar em meio impresso uma seleção de histórias maravilhosas/assombrosas – ou histórias de encantes, em termos mais regionais, que não deixam de ser percebidas como histórias reais – originalmente gravadas para a atração radiofônica. De um amplo repertório de registros orais bastante heterogêneos, atentamente ouvidos e transcritos por uma equipe mista de professores e estudantes da Ufopa, nasceu este livro, publicado pela primeira vez em 2013 e revisado nesta edição.

Valorizando o universo narrativo das comunidades indígenas e ribeirinhas da região do Tapajós e arredores, segmento social que mais colaborou na formação do repertório oral coligido, este livro pretende não só difundir as histórias contadas, mas também chamar atenção para cosmologias locais e para representações emblemáticas das relações entre os humanos e os seres da natureza, bem como dos trânsitos entre espaços e estados sociais diferenciados. Por trás das histórias, surgem regras, prescrições, sanções, expectativas, frustrações, esperanças, crenças, ensinamentos e emoções que conformam as tradições orais regionais – e que, em função das descontinuidades entre a fluidez da oralidade e a rigidez da escrita, talvez percam em parte seu alto senso estético, aquele que nos atiça o gosto, quando ouvimos atentamente uma história contada por um bom narrador. Fica, então, para o leitor, a tarefa de imaginar, nos textos, o chiado da água nas pedras, os galhos quebrando na floresta, os gritos dos bichos, os hinos dos encantados e muito mais, que as histórias insinuam.

Para finalizar, friso que esta nova edição de *Isso tudo é encantado* acontece em um momento muito delicado para as sociedades amazônicas, que vem se agravando desde 2015, quando a equipe do programa Patrimônio Cultural na Amazônia criou o Núcleo de Estudos Interdisciplinares em Sociedades, Cultura e Ambiente (Sacaca) a fim de dar vazão à multiplicidade de temas relativos aos direitos coletivos que, desde 2010, vinham sendo pautados a partir das discussões sobre patrimônio cultural. De origem Tupi, *sacaca* é uma palavra usada na Amazônia para designar um tipo de xamã ou pajé com alto poder comunicativo e transformacional, que tem o poder de viajar pelo fundo dos rios e lagos, onde está o encante. É nessa dimensão da realidade que vivem espíritos encantados, que podem ajudar o xamã no processo de cura de enfermidades.

Caracterizando-se como um espaço de troca, colaboração e diálogo interdisciplinar e intercultural, o núcleo Sacaca acolheu o antigo programa de extensão e seu compromisso com a defesa dos modos de criar, fazer e viver na Amazônia. Esta região enfrenta muitas enfermidades na atualidade, e, de modo geral, o Sacaca tem transitado por diferentes mundos e realidades amazônicas para produzir conhecimentos e intervenção social, principalmente junto a indígenas, quilombolas e comunidades tradicionais, cujas histórias este livro apresenta.

Introdução

Histórias que sustentam o encantamento do mundo

Florêncio Almeida Vaz Filho
Coordenador do Projeto A Hora do Xibé

Uma das principais características dos indígenas e moradores do interior da Amazônia é gostar de contar e de ouvir histórias. Basta que alguém comece para que um grupinho se reúna para escutar e – pronto! – a conversa vai longe. Pode ser na frente da casa ou na cozinha, debaixo de uma árvore ou na beira do rio. Uma história lembra e puxa outra. Aí se vê que quase todos têm alguma experiência para relatar. Claro que normalmente se referem a terceiros que teriam vivido o fato e que lhes teriam contado. Não importa, pois de alguma forma contar e ouvir histórias já é uma prazerosa experiência. Porque o momento dos relatos, que tradicionalmente ocorre no início da noite, com pouca luz e algo de medo e mistério, envolve a todos no clima mágico das próprias histórias.

Os indígenas, quilombolas, ribeirinhos e moradores das áreas rurais são os que mais conservam estes contos. Certamente porque ali predomina a oralidade e a cultura da reciprocidade: troca ritual de comida (*putaua*)[1], de trabalho (*puxirum*), plantas medicinais e visitas intercomunitárias (torneios de futebol e festas). Viajar pelo interior do oeste do Pará e conversar com um(a) morador(a) é sentir o quanto este mundo mítico está presente na sua cultura. Aliás, não apenas no interior, pois mesmo nas cidades pequenas e grandes as pessoas gostam muito destas histórias. Afinal, nossas cidades e até mesmo as metrópoles amazônicas têm um pé no interior. Manaus, por exemplo, é habitada por milhares de pessoas que migraram das pequenas comunidades do Médio e Baixo Rio Amazonas. Parte delas vai e vem, levando seus sonhos e suas crenças em *encantados, bichos* e *visagens*. Cidades médias como Óbidos, Santarém e Alenquer possuem os dois pés no interior. E quem não nasceu no interior tem pais ou avós que nasceram ou que de alguma forma conviveram com a realidade das en-

---

1 *Putaua* [lê-se putáua] é uma palavra da língua nheengatu muito antiga na região do Baixo Rio Tapajós – Bettendorff ([1698] 1990, p. 161) escreveu *putabas*, no plural – e significa o costume de uma pessoa e/ou família doar um pouco de alimento (carne de caça, pescado ou frutos) a outra família, que lhe retribui, imediata ou posteriormente, com outra porção de alimentos. A palavra ainda é usada no Baixo Rio Tapajós. *Putaua*, literalmente, é aquilo que se dá, um presente, que carrega consigo a obrigação da retribuição. É uma troca ritual. No fim, é uma rede de troca de presentes que muito contribui para a distribuição geral de alimentos nas aldeias e comunidades, evitando o acúmulo em algumas casas e a escassez em outras.

cantarias das aldeias indígenas e dos pequenos vilarejos. Assim, mesmo para os mais jovens das áreas urbanas, as histórias de *encantados* não são tão estranhas.

Os temas das histórias relatadas neste livro são familiares para a maioria dos leitores da região amazônica. Boto, Cobra Grande e Curupira[2], entre outros, são temas recorrentes no imaginário local. E são contados e recontados porque eles têm uma grande importância dentro do conjunto das crenças dos indígenas e moradores da Amazônia. As pessoas gostam e desejam ouvir e contar histórias, porque estas refletem a sua visão de mundo e ao mesmo tempo reforçam a memória local e os seus laços de pertença a um território e a uma comunidade. É interessante que tais histórias não são aprendidas na escola, mas todos as conhecem em algumas das suas variações. É que esta tradição[3] é repassada principalmente pela memória oral, e não pelos livros. Digo mesmo que estas histórias persis-

---

2 Adotamos propositalmente a inicial maiúscula para a grafia do nome desses entes. Afinal, o Boto não é o mesmo boto (animal), mas a personificação de um ser encantado. O mesmo para a Cobra Grande, que não se confunde com qualquer cobra de tamanho avantajado, e para a Curupira, que é um personagem sobrenatural da floresta.

3 Observe que a palavra tradição vem do latim *traditio*, que significa transmissão, aquilo que é transmitido do passado para o presente, ou seja, o que é repassado para as novas gerações. A tradição das crenças do imaginário indígena e ribeirinho do Baixo Amazonas, com a qual vamos trabalhar aqui, exemplifica isso muito bem. É através da memória oral que estes saberes têm sido transferidos de geração para geração, sempre incorporando as novas realidades e linguagens das épocas sucessivas.

tem e se reproduzem apesar da escola, que as joga numa caixa com a classificação "superstições e crendices", ou ainda "lendas", termos que significam algo que não merece crédito, que não é verdadeiro.

As histórias de encantados são importantes também devido a sua característica essencialmente coletiva. Os relatos, feitos em grupos, supõem uma crença partilhada entre quem conta e quem escuta. No fundo todos já sabem sobre *bichos que viram gente e gente que vira bicho*, ou sobre a existência de uma *cidade encantada* no fundo das águas, e é isso que torna prazeroso escutar mais um relato particular que traz novas confirmações sobre o já acreditado. E quem escuta não fica passivo, apenas ouvindo, mas tem participação ativa e direciona os relatos.

Se estas histórias são repassadas principalmente pela tradição oral e não pelos livros, como surgiu este livro, então? Foi assim. Os anos de 2003-2006 em Santarém foram marcados por intensa polêmica sobre a implantação do porto da empresa transnacional Cargill®, ligada ao ramo da exportação de grãos e produtos para alimentação animal e humana. Empresários oriundos do Sul, Sudeste e Centro-Oeste e os defensores da vinda da empresa demonstravam um claro desprezo pelo modo de vida dos nativos da região, a quem acusavam de "preguiçosos" e de serem contra o "desenvolvimento". E divulgavam a ideia de que o porto da empresa significaria o desenvolvimento da região por intermédio do agronegócio da soja.

Também no final de 2006 a Prefeitura de Santarém instituiu a Educação Escolar Indígena nas aldeias e comunidades onde havia famílias que se identificavam indígenas[4].

Foi o estopim para que alguns grupos reagissem de forma preconceituosa contra os indígenas, dizendo que estudar nessas escolas seria "andar pra trás", que os estudantes iriam andar nus etc. Isso era dito abertamente nos jornais e nas rádios locais.

Diante do avanço dessas ideias sobre os indígenas e os demais moradores da região, foi que em janeiro de 2007 criamos na Rádio Rural de Santarém o programa A Hora do Xibé[5], com o objetivo de "valorizar e divulgar a história, a cultura, os valores e a identidade das pessoas e comunidades nativas ou originárias da região amazônica, especialmente as do Baixo Amazonas". O nome do pro-

4 Quando falamos em indígenas nesta obra nos referimos principalmente aos povos que vivem na região do Baixo Rio Tapajós, no oeste do Pará, onde temos feito trabalho de campo entre os Arapium, Arara Vermelha, Apiaká, Borari, Cara Preta, Cumaruara, Jaraki, Maytapu, Munduruku, Tapajó, Tupaiú e Tupinambá. Estes povos vivem em 76 aldeias nos municípios de Aveiro, Belterra e Santarém. É uma região de antiga colonização e catequese. A cidade de Santarém é resultado da primeira missão católica instalada na região pelos jesuítas em 1662 na foz do Rio Tapajós: a Missão dos Tapajó.

5 Apesar de constar "chibé" no *Dicionário Aurélio* (FERREIRA, 1999), preferimos escrever *xibé*, por se tratar de uma palavra indígena (Tupi/Nheengatu). Xibé é um alimento feito com farinha de mandioca. Pode-se tomar *xibé* sozinho ou com peixe ou carne. Alguns preferem *xibé* com pimenta, outros colocam açúcar e até limão. Sabe-se que é alimento muito substancioso e, quando cozido, chamado *caribé*, "levanta até defunto, de tão forte que é".

grama destaca uma comida que é símbolo do modo de vida dos moradores do interior da Amazônia: o singelo *xibé*, feito apenas de farinha de mandioca e água, que quase todos bebem, ainda que alguns tenham vergonha de admitir. Através desta comida menosprezada publicamente queríamos valorizar toda a riqueza da tradição cultural dos moradores da região.

O programa A Hora do Xibé passou a ser apresentado por uma equipe de voluntários, entre 12:30 e 13:00h, três vezes por semana, divulgando músicas de artistas regionais, remédios caseiros, histórias e mitos gravados com os próprios moradores[6] e informações sobre a história e a cultura local. Temas da atualidade eram comentados, sempre buscando o ponto de vista dos nativos da região, que participavam intensamente da programação, seja por carta, pelo telefone e ao vivo no estúdio. A receptividade por parte do público foi enorme, tanto que o programa completou 15 anos de vida em 2022. No início daquele ano o programa era apresentado às 14:00h de domingo.

Cabe informar que, até o final de abril de 2022, o programa de rádio, com duração de 1 hora, era transmitido semanalmente pela Rádio Rural e retransmitido pela RC FM Lago. Era ainda transmitido pela plataforma Facebook, onde ficava gravado, e os programas ainda estão

---

6 As gravações eram feitas por mim mesmo e pelos voluntários da equipe do programa por ocasião das nossas viagens às aldeias indígenas e comunidades ribeirinhas. Os informantes sabiam que seus relatos seriam divulgados no rádio ou usados em minhas pesquisas antropológicas.

disponíveis. Mas sua transmissão foi suspensa em 2022. Segundo a direção da Rádio Rural, o programa saiu do ar por questões de legislação trabalhista, uma vez que os apresentadores eram voluntários(as), sem carteira assinada pela empresa. A esperança da equipe é que tais problemas possam ser resolvidos e, assim, o programa volte ao ar. Além da transmissão radiofônica, o programa é também compartilhado por uma plataforma digital, ficando o vídeo de acesso livre e permanente nos dias posteriores às transmissões[7].

No quadro "Dicionário Papa-Xibé", explicamos as palavras e expressões comuns na região (muitas originadas da língua nheengatu), não como um *falar errado*, mas como expressões típicas da cultura local. As histórias e mitos contados pelos moradores com seu próprio linguajar são mostrados como estando associados também às crenças locais, sem o apelo ao "folclórico" ou "supersticioso", mas afirmando a validade daqueles modos de sabedoria popular. Em comunidades todos têm muitas histórias para contar. O que faltava era oportunidade e espaço para fazê-lo para um público maior.

E assim, nestes 16 anos, o programa A Hora do Xibé acumulou centenas de histórias. Pensamos que, por ocasião dos 50 anos da Rádio Rural, celebrados em 2014, seria muito bom publicar em um livro algumas destas histórias para que pudessem ficar documentadas através da escri-

---

[7] Disponível em https://www.facebook.com/hora.doxibe – Acesso em 10/02/2023.

ta e alcançar outro tipo de público, além dos que a rádio já alcançava. O esforço maior seria somente selecionar as histórias. E com o apoio do então Programa de Extensão Patrimônio Cultural na Amazônia (Pepca) da Ufopa, aquela ideia se tornou possível. Esta seleção é uma pequena amostra do que temos no nosso acervo. Muito mais gente contou histórias que poderiam também estar aqui. Mas ficam para outros volumes. Afinal, se o público gosta de escutar e ler histórias, A Hora do Xibé tem muito que contar.

Ao contrário do que parece, entender o que dizem estas narrativas constitui um desafio intelectual, já que nem todos os leitores compreendem as formas de pensamento dos indígenas e moradores do interior da Amazônia a partir de dentro mesmo do mundo destas pessoas. Nos centros urbanos, principalmente, há uma visão estereotipada desses saberes como superstições, do que são exemplos a expressão "histórias de pescador" e os termos "causos" e "crendices"[8]. Sem uma correta compreensão do contexto e das simbologias do mundo amazônico e do que são estes relatos orais, estas histórias escritas correm o risco de não serem entendidas naquilo que elas querem dizer. Por isso,

---

8 Contribuem com esta visão alguns programas de rádio e de televisão, páginas na internet e músicas que ridicularizam o falar e o modo de vida do morador das áreas rurais amazônicas, chamados pejorativamente de *caboco* (caboclo). Essas pessoas são apresentadas como matutos, bobalhões, tolos, ingênuos, incultos e não civilizados. O leitor já deve ter notado que não usamos sequer o termo *lendas*, bastante comum no ambiente escolar e artístico para se referir a estas histórias.

coloco aqui algumas observações que devem ser consideradas como chaves de leitura, pistas.

De início, consideremos que esta forma de apresentação escrita dos relatos é bem diferente da sua primeira forma: oral e coletiva. Os relatos foram retirados do seu contexto que é a comunidade narrativa (pessoas que contam e pessoas que ouvem juntas), ou o grupo onde as histórias são contadas, o ambiente da tradição oral. O universo narrativo é um patrimônio coletivo. Nesse contexto, o ouvinte não é um agente passivo. Ele é parte importante no processo, pois a sua reação atenta e participativa diante do contador (que se serve do tom da voz, expressões faciais, gritos ou assovios, gestos etc.) influi e muito no resultado, na *performance* deste. Quem está contando histórias depende do semblante de surpresa, curiosidade, prazer ou temor, da atenção, das risadas; enfim, de todas as reações dos ouvintes. Dependendo dessas reações, a história pode ter mais ou menos detalhes. O ambiente físico, normalmente, é o início da noite, com os sons da natureza e sem a iluminação artificial e a poluição sonora típicas dos centros urbanos.

Na comunidade narrativa não há uma rígida distinção entre contadores de histórias e ouvintes. Quem é ouvinte num momento pode lembrar-se de outra história e, em seguida, passa a ser um contador, pois cada ouvinte é também, potencialmente, um contador de histórias. É como disse Renilda Rodrigues Bastos (2000, p. 72), ao comentar Paul Zumthor (1997), "uma história é como um jogo. O contador é um jogador que forma com os ouvintes uma 'comunidade lúdica'. Sim, porque ouvir e contar é um jogo". E a preservação da memória social no interior da Amazônia tem dependido e muito deste jogo. No seu contexto oral, o relato tem uma enorme carga de vivência e de realidade. Mesmo sob uma linguagem associada à fantasia e ao sobrenatural, é a experiência vivida que sustenta aquele jogo de relatos, no qual todos contam e todos escutam. Ainda quando alguém diz que está apenas transmitindo uma história que ouviu de outrem ("Eu só conto porque minha avó contava"), esta é uma das várias dimensões do vivido. É um que conta a história vivida pelo outro. Mas quem conta só o faz porque acredita na possibilidade real da história. ("Mas ela disse que isso aconteceu mesmo."). Se pensarmos em uma possível distância em relação à verdade, entre os que contam o vivido pelos outros e os que contam o vivido por eles mesmos, a diferença é muito pequena. É claro que quem diz "Eu conto porque eu vi mesmo" impressiona mais e imprime mais confiança nos ouvintes. Porém, como duvidar de quem diz "Foi o próprio Zeca, meu primo, que me contou que ele viu aquela *misura* lá na beira do igarapé"?

    Você que lê estes relatos agora, provavelmente lê sozinho, em silêncio ou com a voz baixa e em um ambiente bem diferente daquele onde a mesma história foi contada. Você não poderá ter as mesmas emoções de quem estava atento, escutando e vendo o contador. O texto transcrito não traz toda a riqueza do relato ao vivo, das suas condições reais (BASTOS, 2000). Mas esta lacuna não é intransponível, ou ao menos pode ser atenuada. E estas palavras iniciais querem lhe ajudar a fazer a viagem para o mais próximo possível do ambiente e do ponto de vista daquela comunidade narrativa lá na beira dos rios Tapajós e Amazonas. Por meio de outras leituras você poderá entrar ainda mais neste mundo. Leia, por exemplo, *Santos e visagens*, de Eduardo Galvão (1976), *Padres, pajés, santos e festas*, de Heraldo Maués (1995), *Cultura amazônica – Uma poética do imaginário*, de João de Jesus Paes Loureiro (1995) e *A festa do Boto*, de Candace Slater (2001). Há também, entre outros, os filmes *Encantados* (Tizuka Yamazaki), *Terra dos encantados* (Clodoaldo Correa)[9] e *Encante*[10] (Diego Alano). Só para começar.

Outra observação importante para o leitor é que aqui estamos entrando no campo da linguagem mítica e da imaginação poética, que é outra forma de expressar a realidade. Nesse sentido, não cabe perguntar se o Boto se transforma mesmo em gente ou se a Cobra Grande existe de verdade. Devemos nos perguntar *que* verdade está por trás destes relatos míticos. Porém, no campo do conhecimento, a palavra *mito* já entrou para as línguas ocidentais rebaixada em 1830 como o equivalente a falso, fictício ou sem referência comprovável (BROTHERSTON, 2000). Isso

---

9 Disponível em https://www.youtube.com/watch?v=sZUz2I8j36s – Acesso em 03/02/2023.

10 Disponível em https://www.youtube.com/watch?v=JMjgqWotYv8 – Acesso em 03/02/2023.

era fruto do cientificismo da época, que separou a história política e social do mito. As ciências naturais se encarregaram de contar uma versão da origem da vida baseada em outras evidências. Não havia mais espaço para a imaginação, para os mitos. Apesar do esforço de antropólogos como Lévi-Strauss – que reuniu nas suas *Mitológicas* os mitos de vários povos indígenas americanos – e de outros pesquisadores que publicaram os mitos clássicos indígenas que sobreviveram à colonização, ainda hoje persiste a ideia de que, frente à verdade científica, os mitos não merecem crédito, pois são a não verdade. Este nosso livro traz verdades por meio dos mitos.

Estas narrativas míticas e crenças que povoam o imaginário indígena e ribeirinho amazônico contêm explicações para a origem e a forma como se apresentam os fenômenos naturais e sociais hoje. Elas fornecem o material para se conhecer as maneiras de o amazônida pensar, ver e estar no mundo. Elas trazem as suas perspectivas filosóficas sobre a vida, a relação dos vivos com os mortos e com a natureza. Fazem parte da religião e da ciência dos povos da Amazônia. Walcyr Monteiro, antropólogo, jornalista e escritor, afirma que estas crenças estão para a cultura dos moradores da Amazônia de hoje assim como a mitologia grega estava para a cultura dos antigos gregos[11]. Não é

---

11 Walcyr Monteiro é o autor de *Visagens e assombrações de Belém*, livro lançado em 1985 e que já passou por várias reedições. Escreveu outras obras dedicadas ao tema das crenças amazônicas. Fonte: http://diariodopara.diarioonline.com.br/N-83724-LENDAS+PARAEN-

exagero falar assim. E que estes mitos amazônicos estejam bem vivos após séculos de negação e desprestígio é quase um milagre. E aí estão com suas lições para sustentar "a resistência secular contra o imperialismo e a ganância econômica do Ocidente" (BROTHERSTON, 2000, p. 289).

A cosmovisão dos indígenas e moradores do Baixo Amazonas é centrada na existência de espíritos que são chamados de *encantados*, que vivem nos rios e nas florestas, ao lado ou muito próximo dos humanos. Uma das formas que eles tomam é a de *Mães*. Existem as *Mães* dos animais, que são as entidades protetoras de cada espécie: a Mãe do jacamim, a *Mãe* do inambu, a Mãe da paca etc. Os lugares têm suas Mães: a Mãe do igarapé do Jurará, a Mãe da ponta de pedras do Itapara etc. Árvores muito grossas, como as samaumeiras, também têm Mães. Essas Mães estão sempre atentas para proteger os animais, os lugares e as árvores da ação dos humanos. Eventualmente, os indígenas usam também a palavra *Pai* com o mesmo sentido de entidade protetora.

A mata fechada, ou mais afastada da parte urbana das aldeias, é habitada por seres sobrenaturais conhecidos como *bichos*, que são muito temidos[12], como o Mapinguari, o Jurupari e os Kunauaru. As pessoas têm mais medo

---

SES++VIVAS+NO+IMAGINARIO+POPULAR.html – Acesso em 05/08/2013.

12 O termo *bicho* é usado também como sinônimo de *encantado*, apesar de que ele parece mais apropriado para os temíveis seres da floresta e as *visagens*, que vivem na terra. E a palavra *encantado* é mais apropriada para os seres que vivem no *fundo* das águas.

destes *bichos* do que da Curupira, que também habita a floresta, mas com quem é possível conviver. As *visagens*, associadas às almas dos mortos, costumam aparecer na área urbana do povoado ou nos caminhos. Esta crença é tão forte que tem reflexos nas atitudes e expectativas cotidianas destas pessoas, nas suas relações sociais e manifestações culturais e até na economia desses grupos.

O universo indígena e dos moradores do Baixo Amazonas tem uma realidade material e outra espiritual bem conectadas e ordenadas em quatro níveis ou dimensões. Para melhor entendimento faço um esquema teórico do que compõe esse mundo, baseado em 30 anos de pesquisa e muitos outros mais de vivência nas aldeias e povoados do Baixo Amazonas.

[1] Encante – No *fundo* das águas dos rios, igarapés e lagos ou debaixo das praias e pontas de pedras existe o *encante* onde estão os seres encantados, além das pessoas que foram encantadas. O encante, a morada dos encantados, geralmente fica no fundo das águas, por isso seu sinônimo é o termo *fundo*. As pessoas o descrevem como sendo uma *cidade*, onde tudo é bonito, reluz e brilha intensamente. É como as cidades aqui de cima. Há encantes que ficam dentro de pontas de pedra ou debaixo da terra em um lugar determinado. Mantém-se, no entanto, a ideia de *fundo*, uma dimensão abaixo desta onde vivem os humanos.

O encante é um mundo fantástico e mágico, que não podemos ver, a não ser quando somos levados para lá pelos pajés, ou em sonho quando alguém de lá se apresenta e nos leva. Lá, tem cachorros, galos e outros animais domésticos. As pessoas têm suas famílias e trabalham como nós aqui em cima, tanto que às vezes escutamos barulho de alguém socando pilão ou galo cantando, lá embaixo das águas. Dizemos que as coisas no encante são como aqui em cima. Só que, diferente daqui, lá tudo funciona bem e é ainda mais bonito. Há hospitais com tecnologia avançada, e por isso as pessoas vivem bem. Não há fome e nem sofrimento. Ao contrário, há fartura de tudo, inclusive de ouro, pois lá há riqueza. As pessoas fazem muitas festas com músicas animadas, e em alguns lugares, nas horas sagradas (6 horas, meio-dia, 18 horas e meia-noite), é possível escutar o som dessas festas. Algumas pessoas já foram levadas pelos pajés para passear nessas festas, mas não podiam comer e nem beber nada que lhe fosse oferecido, caso contrário ficariam lá para sempre, o que ninguém deseja.

No encante vivem cobras, botos, jacarés, poraquês e outros seres invisíveis, mas que podem se manifestar aos humanos na forma de gente ou de animais. O Boto é o encantado do fundo mais famoso, como veremos mais à frente. Existem alguns lugares específicos onde, debaixo dos quais, há cidades encantadas. É ali que mais se escuta assovios, barulho de festa, galo cantar e cachorro latir, por exemplo. Porém, como há encante em todas as aldeias, podemos afirmar, como falou a falecida pajé Maria Santana Arapium (Aldeia Nova Vista), enquanto olhava a extensão do Rio Arapiuns: "Isso aqui tudo é encantado! Nós vivemos no terreiro dos encantados". Acredita-se que também debaixo do Rio Tapajós e do Rio Amazonas há grandes encantes. Ou seja, a natureza toda, com seus rios e florestas, é mesmo encantada, é o terreiro (quintal) dos encantados.

[2] Bichos e visagens – Num nível mais acima, na terra, estão os espíritos chamados *bichos*, que habitam o interior da floresta fechada, nas árvores grossas, nos vales, pontas de pedras e cavernas. Eles são entidades como os encantados, mas não habitam cidades encantadas. Ou melhor, a floresta, sua morada, sim, é de alguma forma encantada. Os bichos vivem na mata, onde têm as suas *casas* e esconderijos. Eles vivem solitários, isolados uns dos outros. Por exemplo, na árvore samaumeira X mora uma Curupira, no morro Y mora um Mapinguari etc. Eles não vivem coletivamente em cidades, não formam comunidades.

É nessa dimensão sobrenatural da floresta que existem as Mães de animais, as entidades protetoras de cada espécie já citadas anteriormente. Elas protegem os animais, os lugares e as árvores da ação das ameaças e ataques dos humanos. Bichos estão sempre querendo pegar os humanos para comer (como é o caso do Mapinguari e Jurupari), assustar e matar (Mães dos animais) ou para brincar e se divertir com eles (Curupira). Como falaremos mais adiante, a Curupira é, seguramente, o bicho da floresta mais citado pelos moradores que costumam entrar mais frequentemente na mata fechada.

As *visagens* também estão neste nível. São os espíritos dos mortos que ficam vagando nos lugares onde o falecido viveu ou andou. Manifestam-se nos povoados, nas casas no meio da mata e nos caminhos mais usados pelos humanos, na forma de assovios, vozes ou aparições fantasmagóricas. Elas vivem no espaço urbano ou próximo aos humanos, e não na floresta fechada.

[3] O mundo dos humanos – No mesmo mundo físico dos bichos e visagens, mas numa dimensão diferente, estão os humanos e os demais animais selvagens e domesticados, plantas e minerais. Como falamos, as fronteiras entre essas dimensões são muito tênues e facilmente habitantes de uma passam para outra. Por exemplo, a Curupira com muita facilidade se manifesta aos caçadores, que já conhecem até as formas de se comunicar e negociar com ela. As visagens estão sempre à espreita para dar sinais aos humanos, provocando medo. Afinal, o mundo habitado por encantados, bichos, visagens e humanos é o mesmo. As pessoas transitam constantemente nesses espaços compartilhados com os demais seres. Então, humanos e espíritos têm que con-viver[13] nos mesmos lugares, respeitando as regras já conhecidas, sem se chocarem. E essa relação harmônica é possível, como mostram as histórias de caçadores presenteando a Curupira com tabaco e cachaça. A base dessa convivência pacífica entre humanos e

---

13 Enfatizamos o sentido de "viver com", que é diferente de simplesmente conviver ou coexistir e supõe uma efetiva cumplicidade.

a natureza será sempre o respeito, condição para que tudo continue bem. Quando essas relações harmoniosas são rompidas e as pessoas sofrem as retaliações dos encantados, é hora de apelar aos pajés, curadores e benzedores. Só os pajés, e não os padres ou pastores, é que podem trazer de volta a paz entre humanos e encantados, pois eles se comunicam com os encantados e com o encante.

[4] Céu e inferno – Muito acima destes três níveis está o céu, lugar de Deus, dos santos e das pessoas boas que já morreram. Dos moradores do céu, a comunicação mais intensa se dá com os santos, na forma de orações, ladainhas e promessas, principalmente nas ocasiões de perigo, doença e morte. Algumas pessoas têm seus santos de devoção, para quem rezam de modo mais particular. Fazem promessas, recebem a graça da parte do santo e pagam a promessa com donativos, além da própria ida até à festa para homenagear o santo.

Vejamos que o mais comum é o rogo dos humanos em direção aos santos, que não se manifestam às pessoas como fazem os encantados. Raramente alguém diz que sonhou com um santo de devoção, ou que dele recebeu uma mensagem, mas o atendimento aos pedidos dos devotos, feitos junto às promessas, são tidos como respostas dos santos, e isso é o mais comum.

Vale a pena insistir nessa relação com os santos. Parece que eles estão bem próximos dos humanos. Eles estão no distante céu, mas estão também na terra, podendo ser invocados em momentos de aflição. O uso das imagens é muito importante por simbolizarem a humanidade e a presença dos santos. Por intermédio das suas imagens é possível tocar no sagrado e pedir a sua bênção. As pessoas pegam essas imagens nas mãos durante as ladainhas e festas, e é como se estivessem abraçando e conversando com os santos, como fazem com outras pessoas.

Umas das partes centrais da festa dos santos, as ladainhas são invocações aos santos feitas de forma cantada, conduzidas pelos próprios indígenas e ribeirinhos. Há um tom meio choroso e arrastado, quase como um lamento, que faz com que homens e mulheres dirijam o olhar devoto à imagem do santo. Quando as pessoas beijam a imagem do santo ou as fitas presas a ela, pode-se observar a transcendência dessa relação, como se os santos (símbolo do sagrado) baixassem ao nível dos humanos, ou os humanos se elevassem ao nível do divino (VAZ FILHO, 2010; 2022).

Sobre Deus, sabe-se que Ele existe, mas é um ente distante e inacessível, com o qual não se tem tanta comunicação. Jesus é mais próximo porque as pessoas o conhecem dos evangelhos e podem ver sua imagem nas capelas. O Espírito Santo e a Santíssima Trindade são considerados santos porque possuem também imagens[14], que são expostas e conduzidas em procissão durante as suas festas. As festas de santos têm ladainha, procissão, cânticos de

---

14 A imagem da Santíssima Trindade e do Espírito Santo é uma coroa prateada ou dourada, atravessada por um cetro e tendo uma pombinha na parte superior.

folias, levantação de mastro, fogos de artifício, bebidas, danças etc. Essas festas são os momentos mais fortes de encontro dos devotos com o santo. "Enquanto vida eu tiver, todo ano eu venho passar a festa desse santo", dizem vários devotos. Mas há uma tensão constante com a hierarquia da Igreja Católica que proíbe o consumo de bebidas alcoólicas e as próprias festas dançantes.

Como vimos, o céu parece mais distante do que o encante, e quase não tem nenhuma conexão com o mundo dos viventes. Os habitantes do céu não se manifestam aos humanos como fazem os encantados, por exemplo. Mas sabe-se que o céu existe e é o destino desejado por todos. Do purgatório, quase nunca se ouve falar, a não ser quando se reza para as almas que, acredita-se, estão lá. Do inferno, lugar do diabo e das pessoas más, fala-se menos ainda. Parece que as pessoas são indiferentes à sua existência. Existem alguns pecados que podem levar alguém para o inferno, mas as pessoas não dão muita ênfase a isso. E mesmo dos pecados mais terríveis, antes da morte a pessoa tem a oportunidade de se arrepender e ser perdoado.

Sobre pecados ou falhas muito graves que uma pessoa pode cometer, ouvi a história de um senhor idoso que estava sofrendo muito, com o corpo já quase todo paralisado, até apodrecendo em algumas extremidades, mas não morria. Nas suas últimas noites de vida ele *urrava como um boi*. As velhas da aldeia o confessaram, e ele disse que estava sofrendo assim porque havia batido na sua mãe, e que ele queria o perdão dela para poder morrer. Bater nos pais é um dos pecados mais horrendos. Como a mãe do enfermo já havia morrido, trouxeram-lhe uma outra senhora idosa para um ritual de perdão. Ela passou a falar com ele como se fosse a mãe dele "Eu sou a tua mãe, fulano. Tu queres o perdão?" Chorando, ele disse que sim, pois estava muito arrependido. Ela, então, o perdoou. E dizem que bastou ele ouvir isso para que morresse (VAZ FILHO, 2010). Nesse caso, acredita-se que ele pagou suas penas e que evitou ir para o inferno. As pessoas só conseguem morrer quando são perdoadas de suas faltas graves. Assim, as pessoas acreditam que quase ninguém vai para o inferno.

Os espíritos que têm forte relação com a defesa do meio ambiente são os do primeiro e segundo mundos, exatamente porque a natureza é a sua *casa*. E é nessa natureza que vivem também os humanos, morando, trabalhando, buscando alimentos ou festejando. Espíritos e humanos têm, então, que conviver nos mesmos lugares. Mas a harmonia é possível. As histórias de caçadores que conversam e fazem trocas com a Curupira (geralmente tabaco e cachaça) são um exemplo de uma convivência pacífica possível entre humanos e a natureza, cuja base será sempre o *respeito*.

O quarto nível deste universo quase nunca é citado pelos moradores e parece que não tem ligação mais imediata com a sua vida. Sabe-se que existe, mas isso não tem maiores consequências no seu cotidiano. São os níveis primeiro, segundo e terceiro os mais próximos e com os quais se convive. Assim, nas matas estão Curupiras, Mapinguaris, Anhangas e outros espíritos *malinos* (maus); e estão também os animais, com pacas, onças, cotias, tatus etc. Da mesma forma que nos rios e lagos estão os peixes e tartarugas, com Sereias, Mães d'Água, Guaribamboias, Cobras Grandes, Botos encantados etc. E as pessoas transitam constantemente por estes espaços. A natureza é material e é também sobrenatural todo o tempo.

O sobrenatural convive normalmente com o mundo material, pois os dois formam, na perspectiva dos moradores, uma só realidade. O mundo material é o da necessidade concreta e do trabalho, e o mundo do encante ou espiritual é o mundo do sobrenatural, do invisível, do que não se explica pela lógica racional, mas cuja existência em nenhum momento é questionada. Um complexo sistema de crenças regula o relacionamento das pessoas com o mundo natural e sobrenatural. A natureza mesma é encantada não como um mundo fisicamente isolado do mundo material, pois humanos e encantados vivem no mesmo espaço, mas em dimensões diferentes e com limites muito imprecisos (pessoas podem se *ingerar*[15] para cobras, cavalos, onças e outros animais, e os encantados podem se transformar em gente e em outros animais). É como se a vida fosse vivida num "plano duplo", de existência humana e transumana (ELIADE, 1996). Os humanos mantêm contato com este "mundo invisível" através dos mitos, ritos xamânicos, histórias e relatos fantásticos, como também se observa

---

15 Palavra muito usada entre os indígenas e demais moradores para se referir à metamorfose que, segundo eles, é comum ocorrer entre gente, animais e bichos ou encantados.

atualmente entre os povos indígenas em outras regiões na Amazônia (JUNQUEIRA, 2000). Mesmo estando a realidade visível e a invisível bastante mescladas, os moradores sabem que são distintas. Não é a todo o momento e nem em todos os lugares que podem ser vistas Curupiras e Mães d'água, por exemplo. A Curupira[16] não aparecerá jamais em áreas urbanas ou capoeiras, e só *malinará* de pessoas que *mexerem* com ela. A Mãe d'água[17] estará nos locais próximos à sua *casa*, só se manifestando nas horas perigosas àqueles que desrespeitarem seus domínios (p. ex., entrar n'água sem pedir licença). A mulher menstruada que for ao rio muito provavelmente será molestada pela Mãe d'água, pois não estará respeitando as regras estabelecidas.

Há locais e horários mais propícios às manifestações dos encantados e das forças sobrenaturais. Existem espécies de portais de passagem entre os dois mundos, que são os encantes, lugares bem conhecidos por um histórico de aparições, sons e outros sinais. E os pajés confirmam a natureza encantada desses lugares. Os horários propícios às

---

16 Apesar de que alguns moradores se referem à Curupira no masculino, no Baixo Amazonas predomina o uso da forma feminina, que vou adotar aqui. Aliás, se insistimos com as pessoas em busca de uma definição, se Curupira é macho ou fêmea, elas não apresentam uma única resposta. E nem isso constitui um problema para elas. Simplesmente falam *do* e *da* Curupira.

17 Os indígenas e moradores das comunidades nunca usam o termo "Iara", que é o preferido por agentes governamentais ou de ONGs, intelectuais, artistas e moradores das cidades, para se referir ao mesmo encantado.

manifestações dos moradores do mundo invisível são seis da manhã, meio-dia, seis horas da tarde e meia-noite. São as horas críticas, quando não se deve andar sozinho, principalmente nos lugares de encante. Gritar ou fazer barulho na beira dos igarapés ou lagos nesses horários ou depois das 18 horas irrita seus espíritos e traz sérias consequências. Todos concordam que a meia-noite é o horário mais perigoso, quando o risco de ser molestado por um encantado, bicho ou visagem é muito maior.

Os espíritos estão sempre andando em todos os lugares, mas há alguns locais onde eles *moram,* que são normalmente os encantes. É possível saber disso através de repetidos ataques dos espíritos às pessoas que passam nesses lugares. As vítimas podem ficar *assombradas*, doentes e até morrer, quando se diz que sua *sombra* foi levada pelo bicho para o encante. *Sombra* não deve ser confundida com o sentido que tem tal palavra na língua portuguesa. No Baixo Amazonas, é um tipo de segunda alma que cada pessoa tem, e pode ser roubada por espíritos ou pode sair da pessoa no caso de ela passar por um susto muito grande. Diz-se então que a pessoa ficou sem sombra, ou seja, assombrada, quando fica sem ânimo, sem viço, com medo, e desenvolve logo um quadro febril. É preciso a intervenção de um pajé, benzedor(a) ou rezador(a) que, através de defumação e rezas, traz de volta a sombra para o corpo do enfermo.

Apesar de estarmos falando mais a partir da realidade observada na região do Baixo Amazonas, ou oeste do Pará, esta crença centrada nos espíritos da floresta e nos encantados das águas é encontrada em praticamente todas as comunidades indígenas e ribeirinhas da Amazônia[18], inclusive em países vizinhos, como Peru e Colômbia, por exemplo (REGAN, 1993).

As proibições e tabus estão presentes em diversas situações da vida dos moradores. As mulheres grávidas e menstruadas são os principais objetos de tabu. Porém, as menstruadas ainda sofrem mais restrições. A mulher menstruada, grávida ou de parto – bem como seus bebês – está sujeita a proibições. Ela não pode andar sozinha na mata e nem tomar banho de rio ou igarapé nas horas impróprias. Não pode pisar em animais, pois corre o risco de engravidar deles. Por exemplo, uma mulher que pisar em um sapo pode ter um filho com pés e mãos "de sapo". A vingança dos espíritos pode atingir tanto a mulher desobediente como qualquer outra pessoa do lugar.

Se os adultos devem respeitar horas e lugares, cuidado especial devem ter as crianças, principalmente as recém-nascidas, consideradas indefesas até os 45 dias de vida. As crianças que não são batizadas são alvos fáceis de bichos e encantados, que têm pelos menores uma forte predileção. Os pais temem que seus filhos sejam levados embora por estes espíritos, por isso não os deixam sozinhos próximos dos locais de suas manifestações mais comuns. Porém, acidentes acontecem.

---

18 P. ex., em Gurupá, no Rio Amazonas (WAGLEY, 1988; GALVÃO, 1955) e em Vigia, na região do Salgado, próximo de Belém (MAUÉS, 1990; 1995).

Mesmo nos dias de hoje, acredita-se que encantamentos são possíveis. Um dos fatos mais intrigantes atribuídos aos encantados aconteceu na Aldeia Aminã, Rio Arapiuns, onde uma menina de 4 anos desapareceu, no início da década de 2000. Sua avó, Dona Cacilda Tupaiú, contou que a criança, *que não era batizada*, saiu de casa sozinha, e simplesmente desapareceu, sem deixar rastros. Seu pai foi procurar um poderoso pajé, que teria confirmado que foi mesmo encantamento. Por volta de 2009, ela já adolescente, aparecia, em sonhos, à mãe e às antigas amigas. Inclusive, ela levou uma delas para passear pelo fundo. No retorno, a amiga afirmou que "lá tudo é bonito. É como aqui em cima". Os moradores rezam, por ocasião do aniversário da menina, no local do seu desaparecimento, quando costuma aparecer um animal ou pássaro que permanece próximo ao grupo. As pessoas acreditam que seja a alma da menina. A avó e os parentes esperam que a menina-moça volte um dia, como todos os parentes daqueles que foram encantados esperam. Mas não há relatos sobre a volta de uma pessoa encantada (VAZ FILHO, 2010).

 Essa concepção de que praticamente toda a natureza ao seu redor é encantada expressa uma realidade: a vida dos moradores do interior do Baixo Amazonas está ligada de forma umbilical ao meio ambiente, principalmente à mata e à água. Não é à toa que os povoados e cidades mais antigas do interior da Amazônia se localizam exatamente entre o rio e a floresta, na *beira*, o lugar da sua memória (SIMÕES, 2000). E quase todos estes lugares eram antigas *missões* que, por sua vez, foram estabelecidas sobre antigas malocas dos povos que ali viviam já antes da chegada dos europeus. Há séculos a natureza representa para esses povos muito mais do que o lugar de onde apenas retiram os recursos necessários à sua sobrevivência. Ela é um lugar de história, por onde passaram *índios, portugueses, cabanos*[19], *judeus*... A natureza é também o lugar onde moram seres espirituais encantados. Ela é o ponto de contato dos humanos com um mundo místico e mágico, expresso através dos inúmeros mitos e contos fantásticos.

Já afirmei em um trabalho anterior (VAZ FILHO, 1998), que são compreensíveis o apego e a afeição destes moradores à floresta e à água, pois aí eles nascem, crescem, vivem e morrem. Daí eles retiram seus alimentos e matam a sua sede. A floresta, eles percorrem em seus inúmeros caminhos e veredas, indo para a roça, caça ou coleta. Nas águas se mostram exímios remadores, nadadores e pescadores. Frente à grandiosidade das matas, rios e aos seus mistérios assumem atitudes de extrema reverência. Sua fala mansa e sem pressa parece guardar sintonia com a velocidade dos rios, longe dos quais não querem viver. Principalmente os mais idosos dizem que não aguentam passar muitos dias nas cidades, e já querem voltar. Na verdade, eles mantêm um ritmo de vida que segue a cadência dos sons e movimentos da natureza, sem pressa. Seu ima-

---

19 Como são chamados os rebeldes que lutaram na Guerra da Cabanagem (1835-1840) que permanece muito viva na memória oral dos indígenas e ribeirinhos.

ginário reflete a intensa sintonia com a natureza e projeta um olhar peculiar em direção ao mundo.

Este modo de vida e de pensar, além de ter influência da natureza, não pode ser compreendido se esquecemos da tradição herdada dos seus ancestrais. A cosmologia que está por baixo destas narrativas está ligada ao que na antropologia é chamado de "perspectivismo ameríndio" (LIMA, 1996; DESCOLA, 1998; VIVEIROS DE CASTRO, 1996, entre outros): a ideia de que o mundo é habitado por diferentes tipos de sujeitos, humanos e não humanos, pessoas com consciência e pontos de vista próprios e que podem se metamorfosear. No Baixo Tapajós, essa crença deve ser muito antiga, pois os estudos arqueológicos da iconografia da cerâmica Santarém mostram um mítico urubu-rei de duas cabeças que se metamorfoseava em gente e criaturas que eram metade animal e metade gente (GOMES, 2006). Segundo o perspectivismo ameríndio, comum entre os povos indígenas na Pan-Amazônia, a pessoa humana não é o centro do universo e nem a dona da natureza. Os animais, com seus espíritos ou almas, são tão sujeitos da relação como os humanos. Por essa lógica podem-se compreender as vontades e desejos de Botos, Curupiras e Mães dos animais e dos igarapés; a ira da Cobra Grande e os assovios e choros dos tajás[20].

---

20 Acredita-se que a planta conhecida como *tajá* tem poderes sobrenaturais. Pode chorar como um bebê, transformar-se em onça, cobras e cachorros. O tipo tajá-onça, p. ex., deve ser *curado* e alimentado com água com resto de sangue de animal, para que cresça e, na ausência

Entre todos os bichos e encantados, existem alguns bem mais conhecidos no Baixo Amazonas, que são a Curupira, o Boto e a Cobra Grande. Estes estão sempre presentes nas rodas de conversa. As pessoas até se referem a eles com uma familiaridade surpreendente. Farei breves comentários sobre eles, apenas para exemplificar, tentando sempre facilitar a sua leitura destes mitos.

A Curupira

Dos bichos da floresta, a Curupira é seguramente o mais conhecido e citado, principalmente pelos caçadores e quem anda na mata. Defensora dos animais silvestres, ela ataca caçadores que matam demasiadamente uma determinada espécie, e costuma viver entre as *sapopemas*[21] das grandes árvores *samaumeiras*. É um dos seres míticos que resistiram bem às mudanças ambientais e ideológicas que ocorrem entre essas comunidades indígenas e ribeirinhas (VAZ FILHO, 2021). Mesmo com a destruição da floresta e os séculos de catequese cristã, a crença na Curupira continua muito viva.

---

dos donos, transforme-se em uma onça e proteja a casa de possíveis invasores.

21 *Sapopema* (em outras regiões do país fala-se *sapopemba*) é a parte das raízes de algumas árvores, como *samaumeira e tauarizeiro*, que cercam o tronco; é aquela parte de forma achatada que fica acima do solo e que parece tábua. A palavra vem do Tupi, onde significa exatamente "raiz chata". Quanto maior e mais velha a samaumeira, maiores suas sapopemas. Ao ser golpeada a *sapopema* emite um som característico que se escuta longe.

Quando o caçador escuta o seu assovio, é sinal de que não matará nada naquele lugar e naquele dia: a Curupira está avisando. É melhor ir embora. Alguns que tentaram desafiá-la foram esbofeteados e lambados por algo invisível, sem que pudessem se defender. Isso é confirmado por muitas histórias. Dos homens mais velhos aos mais jovens, todos afirmam que já escutaram seu assovio ou o som das suas cacetadas nas sapopemas ou sabem de colegas que escutaram.

A Curupira não gosta de muito movimento, barulho de carros e de luz elétrica, algo próprio dos vilarejos ou cidades. Por isso, suas aparições nunca ocorrem na beira do rio, nas capoeiras e nos povoados. Ela prefere a mata virgem e densa, longe das cidades e das áreas devastadas.

Conforme avançam as estradas, as grandes plantações, o barulho dos carros e da vida urbana, as Curupiras vão embora, como mostrou Tatiana Lins e Silva (1980) em seu estudo sobre a colonização na região de Santarém ainda na década de 1970. Fugir da devastação da floresta é uma característica que a Curupira compartilha com o Jurupari e o Mapinguari[22], porém estes preferem as partes ainda mais interiores e inacessíveis da selva.

---

22 Segundos os relatos que escutei, em algumas situações as pessoas se referem ao Jurupari e ao Mapinguari como se tivessem as mesmas características, ou como se fossem o mesmo ser terrível e perigoso. Na verdade, elas usam mais o termo Jurupari do que Mapinguari. O Jurupari é um bicho gigantesco e peludo, tem apenas um olho na testa e a boca enorme fica no lugar do que seria o seu estômago. Este detalhe nunca é esquecido, já que o medo maior dos moradores é serem devo-

Como nas últimas décadas os moradores estão se fixando nos povoados, na margem dos rios, e entram mais raramente na mata virgem – como entravam nos tempos da exploração da copaíba, breu e castanha-do-pará –, agora são muito raros os relatos de ataques do Jurupari. Em 2007, a idosa benzedora e parteira Dona Maria Santana me contou de um jeito até melancólico, na Aldeia de Nova Vista (Rio Arapiuns), que faz muitos anos havia um Jurupari que vivia em uma serra, na floresta por trás do povoado. *Antigamente* ele assustava os seus moradores, com seu grito, mas fazia tempo que ela não mais escutava aquele grito. Ela mesma disse que, com a crescente devastação da floresta, provavelmente ele foi embora (VAZ FILHO, 2010). Foi da mesma Dona Maria Santana que escutei a sentença, que inspirou o título deste livro: "Isso aqui tudo é encantado!" Ela falou olhando para o chão e apontando para todas as direções.

A imagem da Curupira apresentada pelos moradores do Baixo Amazonas é bem diferente daquela visão muito difundida nos livros de "lendas": um menino com cabelos longos e avermelhados e com os pés para trás, montado em um porco do mato. Os indígenas e ribeirinhos na região do Baixo Amazonas acreditam que a Curupira se manifesta na forma de um ser pequeno de pele escura, como um menino, daí a denominação *Pretinho*, que em alguns

---

rados pelo monstro. Tem a pele tão resistente que as balas de chumbo não o atingem. Como ele se aproxima dando gritos assustadores, as pessoas sempre conseguem tempo para fugir e escapar da sua boca.

lugares chega a ser mais usada do que o termo Curupira, como vemos neste relato (VAZ FILHO, 1998, p. 105):

> Eu falei com eles. Eles responderam, mas não me olharam. Eram dois pretinhos bem deste tamanho [apontando para uma criança]. Eu fui com eles daqui do Norato até aquele piquiazeiro virado. Eu fui conversando com eles, mas eles não me olhavam. Fiquei assim... "Mas quem são esses dois rapazinhos?" Quando chegou lá na encruzilhada, eles disseram: – É para lá que o senhor vai, né? Eu respondi, "é", e eles disseram: – Então tá, que nós vamos por aqui. Eu perguntei: "Cadê o pai de vocês?" Eles responderam: –Tá vindo aí. Depois é que eu fui me lembrar de que era Curupira. Não mexendo com eles, não fazem mal a gente. Agora, mexendo com eles, eles malinam da gente, fazem a gente se perder no mato, andar sem rumo (Seu Júlio, São Pedro do Arapiuns).

Mais comum, porém, é as pessoas falarem "a" Curupira e "a" Mãe do mato, no feminino. Há caçadores que se referem a ela como a *Curupirinha* (HENRIQUES, 2018), a *velha, minha avó, meu avô, compadre, comadre, titia* e *titio*, evocando relações de muita familiaridade, respeito e parentesco mesmo (WAWZYNIAK, 2008). Ouvi relatos de Seu Antônio Mucura, um idoso na Aldeia de Muratuba (do Povo Tupinambá), Rio Tapajós, de que, quando mais jovem, ele caçava e fazia trocas com uma Curupira que morava em uma grande sumaumeira. Ele sempre passava por lá e conversava com ela, deixando cachaça e cigarro como presentes. Mas ele passou muitos anos trabalhando fora e, um dia, quando voltou, a árvore tinha morrido, apodrecido, e tudo estava com ar de abandonado. Ele falava com uma certa... saudade de uma pessoa querida que se foi. Ele se referia a *ela* na forma feminina. Esse sentimento com algo de terno explica muito sobre a relação dos indígenas do Baixo Tapajós com a Curupira, como uma avó querida ou uma velha amiga.

A Curupira gosta de brincar, se divertir, fazendo as pessoas se perderem na floresta, quando andam em várias direções sem encontrar o rumo certo, mesmo que estejam ao lado do caminho. Nesses casos, a recomendação dos indígenas e ribeirinhos é fazer um cesto ou qualquer tecido de palha ou tala, escondendo a ponta da palha, e deixar ali. A Curupira vai tentar desmanchar o cesto e, enquanto isso, as pessoas aproveitam para escapar do seu encantamento. Ter tabaco e cachaça também ajuda, pois é o presente que os caçadores dão a ela em troca da caça. No entanto, além desse lado brincalhão e até maternal, a Mãe do mato tem também um aspecto malino. É bom não esquecer que ela pode também dar surras nas pessoas, se merecerem.

A Curupira já era reconhecida pelos Tupinambá do litoral brasileiro desde pelo menos 1560, conforme relatos de missionários, como José de Anchieta:

> [...] Coisa muito sabida é, corre pela bocca de todos, que há certos demônios, que os Brazis chamam *Corupira*, que muitas vezes atacam

os índios, nos bosques, açoutam, atormentam, e matam. [...] Por esse motivo, os índios costumam deixar pennas de aves, abanicos, flechas, e outras cousas como estas, em qualquer parte da estrada que leva ao sertão, através de cerradas mattas, ou de alcantiladas serras, quando passam por lá; como uma offerenda, e humildemente imploram ao *corupira* que lhes não faça mal (ANCHIETA, 1900, p. 47-48; grifos do autor).

Esse documento tem um enorme valor histórico, por atestar o quanto o Curupira era significativo para os Tupinambá da Costa. Com a migração desse povo para a Amazônia no século XVI, vieram também suas crenças que, com a expansão do Tupi como *língua geral*, se popularizou em toda a região. É claro que o Curupira deve ter se somado às crenças similares dos povos que já estavam aqui na região, em um lento processo de apropriação e reinterpretação. O também jesuíta João Daniel (2004) atestou que, em meados do século XVIII, os indígenas no Pará conheciam e temiam a *Curupira*. Parte da literatura produzida no século XIX sobre os indígenas na região mostra como era forte a crença na *Curupira*, a exemplo da obra *O selvagem*, escrita, em 1876, por Couto de Magalhães (1935).

A Curupira, tal como descrevemos atualmente no Baixo Amazonas, não é a mesma da crença dos Tupinambá no século XVI. Mesmo admitindo a persistência de um padrão central nessa crença, vamos nos ater à forma como ela se apresenta entre os indígenas principalmente no oeste do Pará no início do século XXI. Não falamos de uma crença imutável e única ao longo de cinco séculos. Mudou a Curupira, como mudaram os povos indígenas ao longo desse processo de colonização, catequese, resistências, recriações e reinvenções. É importante registrar que, no Baixo Amazonas, século XXI, são raríssimos os relatos de vítimas fatais da Mãe do mato, que continua aceitando as ofertas feitas de tala ou palha trançada, mas tem um gosto especial por cachaça e tabaco.

Todos os homens adultos que andam na mata contam histórias da sua convivência com a Curupira, expressando muito respeito e lealdade, o que é diferente dos relatos sobre o Boto, quando ocorrem gracejos. Para lograr sucesso na caça é preciso *conversar* com a Curupira e fazer uma espécie de *putaua* com ela. É uma *putaua* ao nível sobrenatural, mas no estilo daquela que os indígenas mantêm com os vizinhos, na troca de carne de caça ou pescado, ou com santo de devoção, pelo pagamento da promessa. A sua lógica reforça a *putaua* social do cotidiano: pediu, recebeu; recebeu, retribuiu, e assim por diante. Não é casual que, atualmente, com a expansão da prática da venda de carne e peixe, a *putaua* se enfraqueceu. Com a diminuição das caçadas e das caças, a *putaua* mística com a Curupira também se enfraqueceu. A *putaua* como troca de coisas e afetos precisa ser cultivada, incessantemente, sob pena de fenecer.

O Boto e as sereias

Os encantados podem se manifestar às pessoas na forma de animal ou de gente, quando tentam levar a pessoa para o fundo. Isso pode acontecer física e instantaneamente ou, de outra forma, o "escolhido" ficará doente e, quando morrer, os encantados levarão a sua *sombra*. Os cuidados devem evitar que se chegue ao extremo do encantamento, que não é desejado por ninguém. Nos povoados, os moradores mostram lugares para onde foram levadas pessoas que acabaram encantadas. Cada uma tem uma história de desrespeito às regras. Em se tratando dos habitantes sobrenaturais das águas, entre as pessoas, predominam os relatos sobre o Boto e suas peripécias. Ocasionalmente se referem às sereias, cujos relatos de aparições se confundem um pouco com as aparições de Botos-fêmea. A maioria dos moradores demonstra certo temor e respeito pelos Botos, principalmente as mulheres que têm medo de serem suas vítimas[23]. Acredita-se que o Boto, quando toma a forma de homem e anda em terra, pode seduzir, engravidar e até levar as mulheres para o encante, o que significa a morte aqui na terra (VAZ FILHO, 2020). Já o Boto-fêmea toma a forma de mulher para seduzir os homens e levá-los para o encante. Mas não há nada de romântico nessa sedução; há, sim, muito medo. Por isso mulheres menstruadas não

---

[23] A crença no Boto encantado que se transformam em gente é encontrada em todo o Vale do Amazonas, até em países vizinhos, como o Peru e Colômbia (REGAN, 1993), principalmente entre os indígenas e habitantes das regiões ribeirinhas, como é o caso do Rio Negro. Por diversos motivos os nativos têm um misto de respeito e temor desses animais. Os Desana creem que o mamífero boto está ligado aos seus ancestrais, por isso não o matam nunca (RIBEIRO; KENHÍRI, 1996).

podem ir ao rio e os pescadores não devem xingar botos que se aproximam da canoa. Durante as noites, ele passeia e assovia nas aldeias e vilas ribeirinhas. Nas festas, tomando até a feição de algum rapaz do lugar ou povoados vizinhos, ele se mistura entre os humanos e se diverte. As moças podem pensar que estão conversando com um amigo conhecido, e na verdade é o Boto. Ele é temido por este poder sedutor e ao mesmo tempo maligno. Longe do que dizem as piadas e lendas sobre o "boto emprenhador", esse mito não é nada romântico ou sensual, ao menos no Baixo Amazonas. As mulheres da região têm muito medo dos ataques do Boto, porque se forem suas vítimas, a história não acabará bem. Elas ficam *malucas* (querendo correr e se jogar no rio), doentes, magras e podem até morrer. A solução é chamar um poderoso pajé, também chamado de *curador*. Ao menos nestas comunidades ribeirinhas não procede a versão de que as mulheres se aproveitam da fama do Boto para enganar os parentes e vizinhos, quando se descobrem grávidas de um rapaz, dizendo "foi Boto"[24]. Os mais velhos contam que já aconteceu

---

24 João de Jesus Paes Loureiro (1995) reproduz e aceita sem nenhuma crítica essa ideia de Câmara Cascudo (2002), de que na Amazônia é reconhecido como "filho de boto" a "criança que nasce de mulher solteira ou de casada sem o concurso do marido" (LOUREIRO, 1995, p. 214), e que por esta razão as mulheres não sofrem condenação moral e nem punição. Loureiro transcreve ainda uma citação que Cascudo (2002) retirou de um livro de Umberto Peregrino (1942) que, por sua vez, escreveu que havia escutado do médico Gete Jansen a seguinte história: no interior da Amazônia, uma senhora casada levou seus

que mulheres tiveram *filho de Boto*, mas era uma criatura estranha, medonha, não humana ou era até um *botinho*, que teve que ser jogado n'água logo após o nascimento. E, mesmo assim, a mãe dessa criatura sofreu muito para se livrar das perseguições do Boto.

Não são menos comuns os casos de *Botas* (como os nativos referem aos Botos-fêmea) que seduzem e perseguem os homens, geralmente depois de terem sido provocadas por estes ("Boto, se tu *for* fêmea, vai lá na minha rede depois!"). Ouvi relatos de homens que tiveram dificuldades para se livrar de uma Bota, que vinha se deitar com eles na rede. Mesmo entre os homens não há romantismo quando se referem à possibilidade de uma Bota ir ter com eles na rede, pois eles comentam que elas são insaciáveis no sexo e, sem a intervenção de um pajé, o homem pode morrer ou ser levado para o encante. Mesmo homens temem os ataques do Boto-fêmea.

É no aspecto da sexualidade que os nativos colocam a maior semelhança entre o Boto e os humanos. Dizem que os Botos machos "sentem" a presença das mulheres nas canoas e se aproximam, como se as desejassem. E que o

---

filhos ao serviço médico e, quando indagada sobre o nome do pai de um deles para o registro habitual, a mulher "respondeu com absoluta convicção" que não tinha nome do pai porque era "filho de boto" (CASCUDO, 2002, p. 168). Teria sido possível uma cena como esta, mesmo na década de 1940? Parece-me improvável. Porém, é preciso registrar que, no Baixo Amazonas, até o final do século XX, indígenas e ribeirinhos acreditavam que crianças albinas eram "filhos de boto", mas mesmo isso mudou.

pênis do Boto é muito parecido com o do homem, e a vagina da Bota é muito parecida com a da mulher. Por isso, também em outras regiões do Pará, há relatos de pescadores que têm relações sexuais com fêmeas de boto capturadas. E a vagina e o pênis do animal são vendidos nas feiras das cidades como amuleto, para atrair parceiros(as) sexuais (DOMINGUES, 2021). Ou seja, os Botos são quase gente como a gente. A diferença é mais a sua roupagem ou forma externa de animal, problema que é superado com a sua metamorfose em humanos, quando tomam as feições de pessoas muito familiares.

Em 2008, li o relato sobre um Boto atacando e tentando tirar o calção de rapazes na região de Vila Curuai, no Lago Grande da Franca[25], próximo de Santarém. Não ouvi muitas histórias semelhantes depois. Porém, essa variação *Boto-gay* é possível, diante da maior visibilidade e aceitação da homossexualidade que se observa atualmente, e isso mostraria a atualidade do mito.

Pode ser útil informar que, quando falamos de Boto, não nos referimos ao boto tucuxi (*Sotalia fluviatilis*), de pele escura, que é tido como amigável e aquele que ajuda os pescadores e socorre os náufragos. Falamos do boto vermelho (*Inia geoffrensis*), que nos últimos anos passou a ser

---

25 Trata-se de um trabalho de aula de 06/11/2008, elaborado pela aluna Rosivana Pinto de Farias, para a disciplina Estudos Amazônicos (ministrada pelo Prof. Nestor dos Santos), no curso de Ensino Médio Modular. O livro *Santarém conta* (SIMÕES, 1995) já traz o relato "Um boto diferente", feito por Maria Oliveira da Cunha, falando provavelmente do mesmo Boto que atacava rapazes no Lago Grande.

referido como *boto cor-de-rosa*, que é visto como perigoso e ligado à encantaria. Estes botos são tidos como tendo uma parte animal e outra sobrenatural, podendo tomar a forma de homens e mulheres. Alguns botos são bem conhecidos dos moradores de determinadas localidades, e até têm nomes próprios (Eduardo, João, Jurueno etc.), com os quais eles se manifestam nas sessões dos pajés.

Em 2008, na Aldeia Lago da Praia, Rio Arapiuns, os indígenas estavam ensaiando uma "Dança do Boto", quando o próprio passou a se manifestar de forma ostensiva e até violenta, batendo nos rapazes e incorporando em um deles. O Boto, que afirmava se chamar Jurueno, disse que batia nos homens porque tinha ciúmes de uma das moças do lugar, que participava da dança. Os moradores fizeram muita defumação para espantá-lo, e a Dança do Boto foi cancelada para não provocar ainda mais Jurueno (VAZ FILHO, 2010). Este relato recente mostra mais uma vez a vitalidade do Mito do Boto na região e sua interferência na vida social do grupo.

Candace Slater (2001), em um estudo sobre o Boto na Amazônia, diz que os relatos são "reflexos indiretos" das mudanças profundas que ocorrem na região e expressam "uma forma potencial de resistência" das populações nativas à ordem capitalista, associada a tais mudanças. Para ela, as experiências relatadas "sugerem uma teia intrincada de ambivalências e ambiguidades entre dominador e dominado dentro da Amazônia hoje" (p. 14). As histórias do Boto seriam uma forma de representar a ambiguidade sob a qual os *brancos* foram assimilados pelos indígenas.

A autora lembra que as roupas do Boto possuem "conotações classistas definidas": aparentemente bem-vestido, com chapéu, terno de linho branco engomado (homem) e vestido longo branco (mulher), roupas da elite rica do tempo da borracha. Não é fortuito, pois, que os Botos apareçam sempre como um *homem branco* ou vestido de branco e uma *mulher loura* muito atraentes, mas perigosos. De fato, o missionário João Daniel (2004, p. 90-91), ao relatar as aparições dos "homens marinhos" no Rio Tapajós, em meados do século XVIII, parece estar referindo ao que viria a ser mais tarde a crença nos Botos, embora ele não faça nenhuma menção ao mamífero. Ele escreve que esses seres vivem na água e saem para a terra na forma de "homens, mulheres e meninos", para, em seguida, voltar a esconder-se "na água como peixe". O relato cita a crença em vários seres que vivem sob a água – onde têm suas cidades e até tambores – que em muito se aproxima da crença nos hoje conhecidos, genericamente, como *encantados do fundo*. Mas o autor não faz observações quanto a estes seres aparecerem como *brancos* ou *louras*, tampouco realça o seu caráter maligno[26]. O que me leva a supor que essas características do Boto teriam sido acrescentadas, posteriormente, pelos indígenas e demais moradores da

---

26 Daniel (2004, p. 90-91) relata também dois casos acontecidos na Missão do Maracanã, na foz do Amazonas: um jovem indígena queria se jogar n'água, dizendo que vira uma linda mulher no fundo, com quem queria ficar; e perto dali, quando as pessoas estavam colhendo conchas *cernambi* para construção, sem que vissem ninguém, pressentiam que "alguém" jogava areia nelas.

região, em um longo processo de adaptação de uma crença indígena ao contexto de confronto com os brancos. Como a maioria das missões jesuíticas no Rio Tapajós haviam sido implantadas poucos anos atrás, e o contato com os europeus era muito recente, provavelmente os indígenas viam esses "homens marinhos" com feições bem próximas às dos nativos e com pouca ou nenhuma roupa.

Certo é que essa descrição do Boto como sedutor, vestido com roupas e indumentárias associadas a um homem branco urbano e das classes altas, hoje é predominante nos arredores de Santarém. Há inclusive, no Distrito de Alter do Chão, o Festival dos Botos, celebrado anualmente junto com a Festa do Sairé, quando as agremiações culturais Boto Tucuxi e Boto Cor-de-Rosa disputam um campeonato, que inclui danças coreografadas e carros alegóricos. Dois dos quesitos em avaliação são "Boto Animal Sedução" e a encenação da "Sedução". Esta Sedução "é um dos pontos altos da apresentação, quando a *performance* da Cabocla Borari e do Boto Homem revela o momento em que a mulher sucumbe ao encanto do boto e é sexualmente conquistada por ele" (CARVALHO, 2016, p. 156). Este espetáculo cênico reforça ainda mais nas mentes dos nativos a força e a atualidade do Mito do Boto e dos demais encantados.

A Cobra Grande

A Cobra Grande é um ser fantástico que parece uma cobra comum, mas monstruosamente grande. Diz-se que ela é uma sucuri que cresceu demais e teve que abandonar os igarapés e pequenas lagoas para se refugiar na parte mais profunda dos rios. Há vários relatos de Cobra Grande que saiu da terra firme para o rio "rasgando" o chão e derrubando árvores. Como habitante do *fundo*, ela está entre os mais poderosos encantados. Por isso aparece e desaparece misteriosamente. À noite ela aparece com dois faróis bem potentes (seus olhos), o que faz com que alguns pensem que é um barco grande que se move numa enorme velocidade. Muitos pescadores tiveram que jogar sua canoa no capinzal e correr para a terra, para escapar da sua boca. Sim, o maior temor das pessoas é serem devoradas.

É quase sempre durante um temporal que a Cobra Grande aparece e sai da terra para a água, deixando o enorme buraco no caminho. Pode ser que é a própria Cobra Grande que provoca o temporal, também com o objetivo de fazer a canoa naufragar, para devorar as pessoas. Há ilhas ou determinadas partes do rio que são conhecidas como moradas de Cobra Grande, e os moradores procuram evitar tais lugares, principalmente durante a noite. Este é o caso da Ponta do Urucuri, próximo à Vila Franca, no Rio Arapiuns. Há também uma Cobra Grande na Ilha Boiuçu, localizada no Rio Tapajós, próximo à comunidade de Itapuama. Não é coincidência que o nome da ilha (Boiuçu), herdado dos antigos indígenas que moravam próximo ao lugar, significa exatamente *cobra grande* no Nheengatu.

O caso da Ilha Boiuçu como morada da Cobra Grande é um sinal eloquente da capacidade dos mitos de darem continuidade às tradições. E a simbologia da Cobra Grande nas tradições indígenas está fartamente documentada, do vale do Rio Amazonas ao México (a serpente emplumada), assim hoje como nos tempos pré-colombianos (BROTHERSTON, 2000). O Mito da Cobra Grande é tão antigo quanto antiga é a presença humana na região amazônica. Ao analisar a cerâmica marajoara, a arqueóloga Denise Schaan notou que se destacam os traços geometrizantes da jararaca, "ou quem sabe da Cobra Grande, um ser ancestral que foi responsável pela própria existência do grupo, como vemos em tantas outras culturas amazônicas" (SCHAAN, 2006, p. 41). A Cobra Grande, mãe dos peixes, pode ter sido parte de uma antiga mitologia pré-colombiana que provavelmente se estendia por todo o vale do Rio Amazonas.

Outro exemplo da capacidade de sobrevivência e de adaptação do mito da Cobra Grande é a crença de que ela estaria ainda hoje embaixo da Catedral de Sant'ana, na cidade de Óbidos; e que, se ela se mover, toda a cidade vai para o fundo. Outra Cobra Grande estaria embaixo da igreja matriz de Santo Antônio em Alenquer. Coisas de cidades pequenas do interior? Nem tanto. Mesmo a cosmopolita e histórica Belém tem a sua Cobra encantada. É divulgada em livros e na internet uma história dando conta de que existe uma Cobra Grande debaixo do asfalto e dos altos edifícios da capital. A cabeça estaria debaixo do altar-mor da Catedral da Sé, e o rabo, debaixo da Basílica de Nossa

Senhora de Nazaré. Se esta Cobra Grande se mexer... toda a cidade vai para o fundo (PIMENTEL, 2020).

Ora, esta é uma história que ronda o imaginário dos moradores de todos os vilarejos e cidades no Vale do Amazonas e rios afluentes. E não é um detalhe qualquer o fato de que a mítica serpente, que já assustava os indígenas desde a época em que não havia catedrais cristãs na região, está exatamente debaixo destes templos, símbolos maiores do poder ideológico colonial. Está debaixo das grandes cidades, atuais centros do poder econômico e político. E atenção! Ela só está quieta, não está morta. Toda a catequese cristã, controle eclesiástico e de Estado que parecem pesar sobre as mentes dos indígenas estão por um triz.

É muito emblemático que a estabilidade das grandes edificações das cidades amazônicas dependa da vontade da Cobra Grande, símbolo das milenares tradições indígenas e presença ostensiva nas alegorias do Festival dos Bois em Parintins (AM). As instituições e os poderes oficiais dominantes, de algum modo, também dependem de a Cobra continuar quieta. Mas ela não pode ser vista apenas como potencial ameaça, e sim como força que sustenta e segura as sociedades na região. A Cobra Grande é a pedra angular dessas cidades, porque ela é uma metáfora da presença e da força dos próprios indígenas e "caboclos" (mestiços), que sustentam a engrenagem econômica e política, controlada pelas oligarquias tradicionais.

Assim, a Cobra Grande não é apenas mitológica. Ela é real, vivencial. Tão vivencial que, em determinados momentos, os nativos conseguem vê-la com seus olhos. E sob um olhar mais reflexivo, a sua movimentação revela possíveis mudanças políticas e sociais entre a população regional. Quando a grande Cobra se move, move-se seu povo também. Provavelmente, ela se contorceu muito e provocou fortes temporais nos anos 1835-1840, na época da Guerra da Cabanagem, quando indígenas e demais moradores fizeram tremer catedrais e palácios em Belém, Santarém, Manaus e toda a vasta Amazônia. E mesmo nos dias atuais ela continua se mostrando aos nativos que, por sinal, ainda relembram até com detalhes a "revolta dos cabanos"[27] contra os dominadores portugueses na primeira metade do século XIX. E o programa de rádio A Hora do Xibé tem contribuído nessa luta contra o esquecimento, ao divulgar vários relatos das aparições do monstro das águas. O próprio programa pode ser interpretado dentro desse processo maior de inconformismo e de movimentação do povo da Cobra Grande.

---

[27] Os leitores poderão compreender melhor a atualidade da Guerra da Cabanagem (1835-1840) assistindo o documentário *A revolta dos cabanos* (Renato Barbieri). Episódio 1: disponível em https://www.youtube.com/watch?v=y_RGR4khsDY Episódio 2: disponível em https://www.youtube.com/watch?v=5366QTUdpjc Episódio 3: disponível em https://www.youtube.com/watch?v=Q74BCPAoeB0 Inclusive, todos os anos, em Cuipiranga (Santarém), um dos mais resistentes redutos dos revoltosos, os moradores realizam a Festa da Cabanagem, fazendo memória da luta dos cabanos, de quem eles se dizem descendentes. O evento atrai participantes dos povoados vizinhos, de Santarém e até de Belém. Uma das palavras de ordem é "Nós somos os novos cabanos".

A Cobra Grande também é uma personagem bem viva nas pajelanças atuais, onde ela se manifesta na figura de Norato. Noratinho, para os mais íntimos, está aí para provar a capacidade de resistência de um mito – ou melhor, de um povo. Encantado moderno, virou literatura acadêmica (BOPP, 1973), mas continua no fundo dos rios, de onde sai para cantar sua *doutrina* e conversar com os humanos, nos terreiros dos pajés, nas metrópoles Belém e Manaus ou nas cidades e aldeias do interior. Os pajés, que demonstram por ele certo carinho, dizem que é um encantado muito bom no atendimento às pessoas.

Sim, os pajés! Não tem como falar de encantados sem citar estes homens e mulheres que atuam como intermediários entre o mundo dos humanos e o mundo sobrenatural. É neles que os *companheiros* e *guias* do *fundo* se incorporam durante as sessões xamânicas para que possam sarar as dores e angústias dos moradores. Pajés são pessoas que receberam de Deus o *dom* da cura[28], e são chamados para enfrentar várias enfermidades, com tratamento à base de defumações, benzições, banhos, chás e dietas. Ou

---

28 Segundo o entendimento local e a visão de estudiosos (p. ex., GALVÃO, 1976; MAUÉS, 1995; CAVALCANTE, 2008), o *dom* é uma predisposição sobrenatural que apenas algumas pessoas trazem de berço (por isso se diz *dom de nascença*) para ser pajé. Ele demonstra seus sinais no desenvolvimento da pessoa e é reconhecido socialmente: o bebê é capaz de chorar ainda no ventre da mãe; quando criança, é "diferente" dos demais; e é um jovem cheio de perturbações, até o momento de assumir sua missão. O dom é algo determinante para o aprendizado e a vida do escolhido e deve ser exercido gratuitamente em favor do bem-estar das demais pessoas.

seja, não é pajé quem quer ser ou quem estuda para ser, mas quem trouxe essa missão dada por Deus. Os pajés têm o poder de ir até o encante, visitar seus amigos. Normalmente, vão em transe ou sonho, mas os pajés chamados *sacaca*, além de poder ver e ouvir a distância, viajam pelo fundo com o corpo físico mesmo. No Baixo Tapajós todos se lembram dos famosos pajés *sacaca* Merandolino Cobra Grande (que viveu no Rio Arapiuns até meados do século XX) e Laurelino Floriano da Cruz (que viveu em Takuara no Rio Tapajós e faleceu em 1998). Acredita-se que o curador Pedro Carlos Ferreira Ribeiro, mais conhecido como Pedrinho, que vive na cidade de Curuá, Rio Amazonas, é um pajé *sacaca*. Por isso ele é procurado diariamente por centenas de indígenas e ribeirinhos de todo o Baixo Amazonas.

A tradição dos pajés é uma marca da enorme influência dos ancestrais indígenas na cultura dos ribeirinhos do Baixo Amazonas. Mesmo com a incorporação de elementos das culturas europeias e africanas, a matriz do pensamento do ribeirinho amazônida continua sendo fortemente indígena. Esta tradição nos remete aos antigos povos indígenas habitantes do lugar.

A manutenção deste corpo de crenças está diretamente ligada à autoridade e influência dos pajés. Autoridade que não é ostensiva, que quase nem se vê. Sabe-se que eles estão aí, mas vivem discretamente sem chamar a atenção. São pessoas que trabalham e vivem de forma humilde como os demais moradores. Porém, essa simplicidade esconde sua enorme importância na vida dos povos indígenas e das comunidades ribeirinhas. Os pajés são fundamentais e imprescindíveis por terem reconhecidamente o poder de curar e trazer de volta a harmonia no corpo e na alma. Até lembram a estratégia da Cobra Grande debaixo das catedrais: passar despercebida. Tem a ver.

Não se pode falar da vida religiosa desses indígenas sem falar do papel que os pajés têm na manutenção da ordem espiritual e material. Falo sempre que a pajelança constitui o sistema pelo qual os indígenas e ribeirinhos interpretam e agem no mundo (VAZ FILHO, 2016). Assim, esses sacerdotes e sacerdotisas do povo se fazem necessários sempre que ocorrem desarranjos. Defumando, benzendo, costurando rasgaduras, *puxando* os ossos para seu lugar e resgatando sombras, eles curam e devolvem a saúde e a harmonia às pessoas e à natureza.

Nas comunidades da região é patente a grande influência da pajelança sobre o modo como os moradores veem o seu mundo e a si mesmos. Afinal, ao constituir a pajelança um sistema através do qual os moradores compreendem e interpretam o mundo, ela funciona como a ponte necessária para dar sentido e tornar válida a sua interação e intensa comunicação com os animais, encantados e mortos. Por isso os pajés não desapareceram, apesar da perseguição que sofreram, por parte dos missionários católicos, e sofrem ainda hoje, por parte de evangélicos fundamentalistas. Vem daí a "teimosia da pajelança" (ARENZ, 2000).

Os relatos apresentados

A apresentação dos relatos segue a lógica circular dos diferentes níveis do universo e dos seus habitantes e suas transformações. Iniciamos com os encantados do fundo da água de forma geral, passamos para os encantados do fundo que costumam ir para a terra transformados em gente, nos detemos nos bichos que vivem na terra e na mata fechada, e concluímos falando dos seres que, vivendo entre os humanos na terra, se transformam e vão para o fundo ou para o meio dos encantados. Na verdade, o círculo não se encerra, mas sim as transformações recomeçam.

Falando sobre os encantados que vivem no fundo das águas, Erivan José Pontes Pimentel conta sobre um medonho ser que aparece regularmente no Rio Tapajós, na entrada da boca do igarapé da sua comunidade de Tauari. Jorge Costa Pereira, conhecedor do ambiente da várzea, conta que matar um jacaré de 3 metros não dá tanto medo como ver o fogo da Cobra Grande a sua procura. O jeito foi pular *pra* terra, com a canoa e tudo, e esperar amanhecer. Maria Régis Santana, mais conhecida como Dona Sinhá, da Aldeia de Aningalzinho, relembra sua infância lá dentro do Rio Arapiuns e conta como era escutar o canto da sua *vizinha* Guaribamboia que vinha do fundo do igarapé perto de casa. Dona Sinhá, que faleceu em julho de 2013, era um testemunho vivo da sabedoria e do respeito aos encantados e às águas, sua morada. Dona Josefa da Silva, benzedeira da Aldeia Muratuba e conhecida como "a Guerreira do Tapajós", explica sobre a saída da Camará do seu lago, depois que pessoas estranhas chegaram e meteram fogo no caranazal e no miritizal. O encantado e mãe do lago Camará se *desgostou* e foi embora. Dona Josefa faleceu em 2022.

O segundo bloco de histórias fala dos encantados do fundo que querem tanto conviver com os humanos, a ponto de até *virar* gente, namorar e ter filhos, como é o caso do Boto. O risco é acontecerem conflitos na disputa por mulheres, e o Boto, acabar ferido ou morto. É sobre essas histórias que falam Dona Maria Enir, da Aldeia Zaire, e Ronaldo dos Santos, da Comunidade São Pedro, ambos do Rio Arapiuns. Maria Enir diz que seu filho *meteu a faca* em um Boto que tinha a aparência de um primo seu. Ronaldo conta que seu irmão brigou com o Boto transformado em um homem, porque este queria a namorada do rapaz. E o Boto levou a pior: foi esfaqueado e morto. O pescador Marcelo Tupaiú, da Aldeia Zaire, conta que estava pronto para matar um Boto-fêmea que estava próximo da sua canoa, quando teve uma visão que o deixou desnorteado, a ponto de prometer nunca mais voltar naquele lugar. O rezador Zormar Pereira Lopes conta que em Pinhel, Rio Tapajós, os indígenas parecem ter uma convivência harmoniosa com o Boto Lavrajé, com exceção das moças que chegam de fora, desavisadas, e que ainda caem na sua lábia. Zormar faleceu em 2014. Já o outro relato de Dona Maria Enir é de arrepiar, pois ela mesma engravidou de um bicho. Tudo porque ela não *acreditava*!

O terceiro bloco de histórias traz relatos sobre bichos associados à terra e à mata fechada. Dona Lucila Tupinambá, já falecida, conta a história de João de Piligrino que foi caçar justamente em uma Sexta-feira Santa e passou um sufoco com a sua *embiara*, um jacu do outro mundo. Influência do cristianismo entre os indígenas da região, os *dias santos* (principalmente domingo, Dia de Finados e Sexta-feira Santa)[29] devem ser guardados. Seu Hipólito Silva, líder dos Tupinambá da Aldeia Muratuba, traz o relato sobre as visagens e *misuras* que aparecem próximo aos cemitérios, principalmente no início da noite e meia-noite. Já Seu Antônio Ferreira Lopes e seus tios gostavam de *facilitar* e saíam para a pescaria justamente às seis horas da noite. O resultado eram as pedradas e tapas que eles pegavam das visagens ou sabe-se lá de quê.

Dona Maria Branches, matriarca de uma família que se orgulha de ser descendente dos cabanos em Cuipiranga (Arapiuns), conta que, mesmo ficando na sua casa à noite, ela escuta coisas medonhas. Uma vez até bateram palma e chamaram "Mamãe, mamãe!" Ela não respondeu, pois sabia que aquilo não era gente. Dona Maria Enir volta de novo para falar de três estranhos visitantes que foram à casa de um caçador dar um recado sobre o cuidado com os animais. Zormar Pedroso Lopes também volta para falar sobre o Capote, um bicho que aparecia nas matas de

---

29 São os dias que os moradores consideram que se deve respeitar por motivos religiosos. Não nos referimos aos *dias santos* estabelecidos oficialmente pela Igreja Católica.

Pinhel e gostava de roubar mulheres. Guilherme Floriano, velho curador Munduruku e filho do famoso pajé Laurelino Floriano, de Takuara, fala do seu encontro com um simpático Curupira que gostava de cachaça. O ainda menino Eliseu Laurido parecia um velho contador de histórias, ao falar sobre um caçador que entrou na casa da Mãe do mato e teve que correr de lá.

Seu Francisco Godinho Campos, falecido em abril de 2017, dá um exemplo de uma relação tranquila com a Curupira, baseada na conversa e nos presentes que ele aprecia. Graças a essa boa relação, ela protegeu um caçador do Jurupari. Rosivaldo Sousa confirma que a Curupira pode ser boa amiga; mas se a gente *abusar*, vai levar tapa. Seu Francisco Lopes dos Santos, conhecido como Tapioca, conta que para o Jurupari chumbo é como carapanã (perilongo). E diz mais: *o mato tem dono*, como tudo, e é preciso respeitar. Dona Maria Regis Santana relembra novamente a distante noite em que ela e seus pais escaparam de um bicho terrível graças ao fogo da *coivara* e aos cachorros. Apesar de terrível, o Jurupari foi expulso da região devido à devastação da floresta. Já não se ouve seu grito, nada. E ele faz falta... É este o relato de Dona Maria Raimunda Pimentel. Seu Hipólito Silva conta que perdeu um tesouro enterrado porque contou para a esposa o sonho que teve.

E terminamos falando dos seres que, vivendo entre os humanos na terra, se transformam e vão para o fundo ou para o meio dos encantados. Um dos casos mais citados é o pajé *sacaca* Merandolino Cobra Grande, do Rio Arapiuns, de quem falamos acima. Ele se transformava em Cobra, e ao morrer foi viver no encante na Ponta do Toronó, Rio Arapiuns, onde ele é uma Cobra Grande. Talvez, antes, ele já era uma Cobra Grande do encante que veio viver um tempo como gente na terra. José Maria Branches e Dona Jandira é que contam isso. Dona Sinhá volta para falar de outro homem que virava Cobra – Seu Norato – e que *baixa* nos pajés. Gracinha Pedroso, uma pajé nascida em Pinhel, conta sobre o nascimento e até o *desencantamento* de Noratinho. Dona Maria Raimunda Pimentel e Gracinha Pedroso contam como foi que duas moças se encantaram, *pra* nunca mais voltarem. E é este o círculo que começa e volta pro encante. Afinal, isso tudo é encantado.

Essas narrativas têm muito a nos fazer pensar. Podem mesmo nos ensinar, mas só poderemos sorver esta riqueza de sabedoria se mudar a nossa forma de vê-las. Mito não é folclore, superstição ou piada. Ainda que os mitos tenham também uma dimensão de gracejo e risível. As histórias de quem duvidou ou não acreditou estão aí para nos alertar. Fiquemos com estas lições sobre outro olhar e outras atitudes em relação à terra, às plantas, aos animais, às pessoas, a tudo o que vive e está conectado. Se este ciclo de vida e transformações for mantido, com seu encantamento, nós teremos mais chances de continuar vivendo também. Nosso futuro como humanidade depende desse encantamento da natureza, que a contação dessas histórias ajuda a sustentar.

Referências

ANCHIETA, J. **Cartas inéditas**. São Paulo: Casa Eclectica, 1900.

ARENZ, K.H. **A teimosia da pajelança – O sistema religioso dos ribeirinhos da Amazônia**. Santarém: Instituto Cultural Boanerges Sena (ICBS), 2000.

BASTOS, R.R. Os contos de fadas e a tradição paraense. In: SIMÕES, M.S. (org.). **Memória e comunidade: entre o rio e a floresta**. Belém: UFPa, 2000, p. 71-78.

BETTENDORFF, J.F. **Crônica dos padres da Companhia de Jesus no Estado do Maranhão**. Belém: Secult, [1698] 1990, 697 p.

BOPP, R. **Cobra Norato e outros poemas**. Rio de Janeiro: Civilização Brasileira, 1973.

BROTHERSTON, G. Os mitos da América indígena, entre ficção e verdade. In: SIMÕES, M.S. (org.). **Memória e comunidade: entre o rio e a floresta**. Belém: UFPa, 2000, p. 279-289.

CARVALHO, L.G. (coord.). **Festa do Çairé de Alter do Chão**. Santarém: Ufopa, 2016.

CASCUDO, L.C. **Dicionário do Folclore Brasileiro**. 11. ed. São Paulo: Global, 2001.

CASCUDO, L.C. **Geografia dos mitos brasileiros**. São Paulo: Global, 2002.

CAVALCANTE, P.C. **De "nascença" ou de "simpatia" – Iniciação, hierarquia e atribuições dos mestres na pajelança marajoara**. Dissertação (Mestrado em Ciências Sociais/Antropologia). Belém: FCS/UFPa, 2008.

DESCOLA, P. Estrutura ou sentimento: a relação com o animal na Amazônia. **Mana**, 4 (1), p. 23-45, 1998.

DOMINGUES, B.C. Dá tamaquaré pra ele! – Humanos e animais entre poder e humilhação na Amazônia Paraense. **Anuário Antropológico,** v. 46, n. 3, 2021, p. 156-175 [Disponível em https://journals.openedition.org/aa/pdf/8883 – Acesso em 06/02/2023].

ELIADE, M. **O sagrado e o profano: a essência das religiões.** São Paulo: Martins Fontes, 1996.

FERREIRA, A.B.H. **Novo Aurélio – O dicionário da língua portuguesa: século XXI.** 3. ed. Rio de Janeiro: Nova Fronteira, 1999.

GALVÃO, E. **Santos e visagens – Um estudo da vida religiosa de Itá, Baixo Amazonas.** 2. ed. São Paulo: Companhia Editora Nacional, [1952] 1976 [Col. Brasiliana, 284].

HENRIQUES, G.C.C. (ed.). **Breve cartografia dos processos de autodemarcação na bacia do Rio Tapajós.** Alter do Chão: Vila Viva – Grupo de Ação Ambiental, 2018.

GOMES, D.M.C. A cerâmica Santarém e seus símbolos. In: CALLIA, M.; OLIVEIRA, M.F. (orgs.). **Terra Brasilis: pré-história e arqueologia da psique.** São Paulo: Paulus, 2006, p. 49-72.

JUNQUEIRA, C. O mundo invisível. In: SIMÕES, M.S. (org.). **Memória e comunidade: entre o rio e a floresta.** Belém: UFPa, 2000, p. 79-92.

LIMA, T.S. O dois e seu múltiplo – Reflexões sobre o perspectivismo em uma cosmologia tupi. **Mana**, v. 6/2, 1996.

LOUREIRO, J.J.P. **Cultura amazônica – Uma poética do imaginário.** Belém: Cejup, 1995.

MAUÉS, R.H. **A Ilha Encantada – Medicina e xamanismo numa comunidade de pescadores**. Belém: Naea/UFPa, [1977] 1990.

MAUÉS, R.H. **Padres, pajés, santos e festas – Catolicismo popular e controle eclesiástico**. Belém: Cejup, 1995.

PEREGRINO, U. **Imagens do Tocantins e da Amazônia**. Rio de Janeiro: [s.e.], 1942.

PIMENTEL, D. **Lenda da Cobra Grande no Círio atiça imaginário popular em tempos de pandemia (04/10/2020)**. [Fonte: https://www.oliberal.com/cirio/lenda-da-cobra-grande-atica-imaginario-popular-1.312409 – Acesso em 08/02/2023].

REGAN, J.S.J. **Hacia la Tierra sin Mal – La religion del Pueblo en la Amazonía**. 2. ed. Iquitos: Caap/Ceta/Iiap, 1993, 456 p.

RIBEIRO, B.G.; KENHÍRI, T. Etnoictiologia Desâna. In: PAVAN, C. (org.). **Uma estratégia latino-mericana para a Amazônia**. Brasília/São Paulo: Ministério do Meio Ambiente, dos Recursos Hídricos e da Amazônia Legal/Memorial, 1996, p. 201-217.

SCHAAN, D.P. O imaginário coletivo na cultura marajoara. In: CALLIA, M.; OLIVEIRA, M.F. (orgs.). **Terra Brasilis: pré-história e arqueologia da psique**. São Paulo: Paulus, 2006, p. 35-47.

SILVA, T.L. **Os Curupiras foram embora – Economia, política e ideologia numa comunidade amazônica**. Dissertação de mestrado. Rio de Janeiro: PPGAS/Museu Nacional/UFRJ, 1980, 188 p.

SIMÕES, M.S. (org.). **Memória e comunidade: entre o rio e a floresta**. Belém: UFPa, 2000.

SIMÕES, M.S.; GOLDER, C. (coords.). **Santarém conta...** Belém: Cejup/UFPa, 1995.

SLATER, C. **A Festa do Boto – Transformação e desencanto na imaginação amazônica**. Rio de Janeiro: Funarte, 2001.

VAZ FILHO, F.A. Ribeirinhos da Amazônia: identidade e magia na floresta. **Revista de Cultura Vozes**, Petrópolis, 90, p.47-65, mar.-abr./1996.

VAZ FILHO, F.A. **Indicadores de sustentabilidade de comunidades ribeirinhas da Amazônia Oriental**. Dissertação (Mestrado em Desenvolvimento e Agricultura). Rio de Janeiro: CPDA/UFRRJ, 1997.

VAZ FILHO, F.A. (coord.). **Levantamento socioeconômico e populacional (Área proposta para a Criação da Reserva Extrativista Tapajós-Arapiuns)**. Brasília: CNPT/Ibama, 1998, 124 p.

VAZ FILHO, F.A. **Emergência étnica de povos indígenas no Baixo Rio Tapajós, Amazônia**. Tese de doutorado. Salvador: PPGCS/UFBA, 2010, 478 p.

VAZ FILHO, F.A. **Pajés, benzedores, puxadores e parteiras: os imprescindíveis sacerdotes do povo na Amazônia**. Santarém: Ufopa, 2016.

VAZ FILHO, F.A. Os curupiras não foram embora? – Os encantados na resistência indígena no Baixo Rio Tapajós. In: LARA, E.M.; CARVALHO, M.R.G.; ANDRADE, U.M. (orgs.). **Por uma etnologia transversa – Cosmopolíticas no Nordeste, Leste e Amazônia indígenas**. São Cristóvão (SE): UFS, 2021, p. 353-374.

VAZ FILHO, F.A. Crenças indígenas e cristãs no Baixo Rio Tapajós como lugar para uma teologia indígena cristã. In: SANCHES, S.M.; MUNIZ, A.S.; RIBEIRO, P.R. (orgs.). **Teologia indígena cristã**. Campinas: Saber Criativo, 2022, p. 67-89.

VIVEIROS DE CASTRO, E. Os pronomes cosmológicos e o perspectivismo ameríndio. **Mana**, v. 2, n. 2, p. 115-144, out./1996.

WAGLEY, C. **Uma comunidade amazônica – Estudo do homem nos trópicos**. 3. ed. Belo Horizonte/São Paulo: Itatiaia/ USP, [1953]1988.

WAWZYNIAK, J.V. **Assombro de olhada de bicho – Uma etnografia das concepções e ações em saúde entre os ribeirinhos do Baixo Rio Tapajós, Pará – Brasil**. Tese (Doutorado em Ciências Sociais). São Carlos: UFSCar, 2008, 237 f.

ZUMTHOR, P. **Introdução à poesia oral**. São Paulo: Hucitec/ Educ, 1997.

O bicho na boca do Tauari

Erivan José Pontes Pimentel
Tauari, Rio Tapajós

Eu vou contar uma coisa que o pessoal da comunidade sempre viu e eu não acreditava, e um dia eu também vi. Então, já faz, mais ou menos, mais de quatro anos que isso acontece na comunidade todo ano. O pessoal vê tipo, assim, uma Cobra Grande. Dizem que é uma cobra grande, lá na boca do Tauari, onde existe um poço[30]. Então, eu nunca acreditei nisso. Quando foi uma vez, um colega nosso aqui – e falam até que ele mente muito – disse:

– Erivan, eu vi o negócio lá. E é muito feio! Se quiser ver, *bora*[31] lá ver comigo!

– Então, *bora* lá! *Bora* ver mesmo esse negócio.

Eu fui lá com ele à noite. Nós ficamos lá a noite inteira, até de madrugada, e não vimos nada. Então, eu falei *pra* ele:

---

30 Partes mais fundas do rio, geralmente onde ficam os cardumes. Não confundir com o canal, que é a parte mais funda no meio do rio. É o lugar preferido pelas cobras grandes.

31 Abreviação de "embora", muito comum em expressões regionais como "bora logo" e "borimbora", quando se quer enfatizar que está com pressa.

– *Rapá*, isso é boto!

– Mas, não é não, Erivan! O barulho é muito grande, não tem condições de ser boto, não. Se tu *quiser* vir ver outra vez, tu *vem*! A gente vem de novo, amanhã.

Então, nós viemos de novo, porque eu queria ver mesmo se era verdade. Passando outro dia, nós fomos e ficamos lá, de noite. Quando foi uma base de meia-noite, mais ou menos assim, começou um barulho na boca do Tauari, lá onde existe um poço, igual à batida de boto[32]. Então, ele falou:

– Olha, Erivan, tu *tá* vendo essa batida aí? Tem um bicho boiando lá fora.

– Não, *rapá*, isso é boto, rapaz!!!

– Não, rapaz, começa assim, mas tu *vai* ver depois. Vê e escuta!

– Que nada, rapaz! *Bora* lá mais perto *pra* ver. A gente tem que ver o que é que é!

Quando foi nessa hora, ele disse:

– Tu queres ver, mesmo? Então, vamos ficar aí. Então, vamos! Vamos ficar!

Começou a bater mais forte na água. Batia: *guebei, guebei, guebei*. Pra mim, *a modo*[33] aquilo vinha assim, pelo fundo, tipo um submarino, por exemplo. Aquela coisa de guerra. Vinha pelo fundo, *a modo* que encalhava. Quando encalhava assim, ele boiava... E era o barulho de muito peixe na beirada:

---

32 Barulho que faz o animal boto, quando emerge rapidamente e mergulha de novo.

33 Expressão para dizer "parece que" ou "foi como que".

Têbei! Têbei! Têbei![34] Aquilo tudo, lá! Mas, muito diferente que barulho de boto. Então, veio um medo tão grande dentro de nós! Nós resolvemos voltar, porque não teve condições de nós *chegar* perto *pra* ver o que é que era. E aquele bicho vinha, vinha entrando mesmo, *pro* igarapé[35] do Tauari. De lá nós fomos *pra* terra, ficamos noutra ponta. Deixamos ele passar. Então, depois de uma hora mais ou menos, daquele movimento todo, aquilo se acalmou, passou. Passou, e nós *vinhemos* de lá de manhã, só com muito medo. Então, isso aconteceu. Agora, o pessoal da comunidade, todo ano, eles veem isso, não só eu. O pessoal quase todo aqui já viu. Veem que é uma Cobra.

O meu irmão, ele foi semana passada *pra* lá, foi pescar com outro rapaz. E eles viram dois bolos de Cobra. Bem perto mesmo, no luar. Ele *tava* até duvidando, achando que era jacaré. Mas, depois que eles olharam bem, era um negócio tipo uma Cobra. Rapidamente, eles foram *pro* barco. Voltaram de novo e não viram mais nada. Aquilo tinha sentado (submergido).

Então, era mais ou menos isso que eu vi. E todo o pessoal da comunidade, os pescadores, todos mesmo já viram isso, realmente, mesmo! Até uma mulher, a Dona Zeca, ela desmaiou quando viu a Cobra. O filho dela foi pescar de dia no poço e,

---

34 É o som que reproduz o barulho dos peixes pulando ou de alguém caindo n'água. Fala-se também "tei-pei!".

35 A origem do termo é Tupi [*igara* (canoa) + *pé* (caminho): "caminho das canoas"]. O igarapé (na região também se fala *garapé*) é um riacho, canal estreito ou pequeno rio situado entre duas ilhas, ou na terra firme. A água dos igarapés geralmente é transparente e fria, muito refrescante.

quando eles começaram a armar as malhadeiras, eles viram. "Olha só!" – o filho dela conta – "A mãe desmaiou lá. *Pra nós era uma Cobra, mas diz que*[36] *é um negócio muito feio*". Então, é isso que *tá* aparecendo aí no rio, na comunidade de Tauari. E nesse dia que eu *tava* lá com o rapaz, que eu não acreditava, eu vi. Eu cismei[37] que era um... Não sei, tipo uma Cobra que eu nunca vi! Mas, o pessoal fala que é um bicho muito horrível que aparece aí! E todo ano! E ele *tá* aparecendo nessa época aí, que o pessoal *tá* vendo.

---

36 Forma contraída de "dizem que" ou "diz-se que", é muito usada em frases que expressam alguma desconfiança, incerteza ou mesmo incredulidade. Mas há também frases em que a expressão tem um sentido de descontentamento ou insatisfação.

37 Cismar significa ter um pressentimento, uma desconfiança, dúvida ou preocupação. Não é de hoje que se fala na região que o indígena é cismado e desconfiado. Pode ser mesmo que seja uma maneira de autodefesa, que marca todos os moradores do interior da Amazônia. Afinal, depois de ser enganado, explorado, roubado e humilhado durante séculos, é compreensível que o indígena não acredite em tudo o que escuta ou vê.

A Cobra Grande do Pirarara

Jorge Costa Pereira
Região de várzea

Tinha um senhor ali, que era muito bom piloto. E ele gostava de pescar com esse senhor porque ele era bom piloto. Nesse tempo era caçada de jacaré que eles faziam, e o jacaré já *tava* difícil *pra* achar. Aí eles rodavam *tudo* esses lagos aí. O meu irmão tinha uma lanterna, ela pegava seis pilhas. Mas a bicha era boa! Dali de cima dessa terra, ela arriava lá no lago assim. Enxergava *benzinho* a ilha grande! Era muito boa a lanterna desse homem! Era com ela que caçavam.

Quando foi um dia... Eles, acostumados, pescavam, caçavam, matavam e nunca tinha acontecido nada. Mas, quando foi nesse dia, eles rodaram, rodaram aí no lago até que viram um fogo. Ele disse:

– Olha, Simão, lá está um... Leva direito a canoa, bem aqui!

Aí, levou, levou, levou, levou. Quando chegou em certa parte, ele alumiou[38], *tava* de fora o bicho.

---

38 Iluminou, clareou. Mesmo que alguns pensem que o certo é somente "iluminou", é certo também falar alumiou, como fazem muitos

– Pode levar!

Aí, remou, remou, remou um bom pedaço e alumiou de novo, e *tava* de novo lá! Ele disse:

– Eu vou arriar a haste! Porque não pode chiar a água pela canoa, tem que ir bem lento *pra* não fazer zoada[39].

Quando chegou a uns 50m, ele botou a lanterna, a bicha sentou. Eu disse *pra* ele:

– Olha, Simão, vai levando bem devagarzinho.

Ele saiu, devagarzinho. Quando foi chegando lá, ele aguentou a canoa[40], deu um tempo e alumiou; já *tava* com a cabeça de fora de novo! Ele conhece bem o jacaré-açu[41]. Naquele tempo, ele matava mais o jacaré-açu, que dava dinheiro. Quando ele chegou assim perto, o bicho *alevantou* e bateu lá[42]. Aí, ele meteu o arpão *pra* lá e acertou

---

moradores da região. Alumiar e iluminar vem do latim (*Iluminare ou luminare*: dar luz, iluminar).

39 Fala-se "zuada" para se referir a um barulho forte, medonho, que incomoda muito.

40 Parou a canoa.

41 Açu vem do Tupi, significa aquilo que é grande. O jacaré-açu é o maior dos jacarés encontrados na América do Sul, chegando a até 6m de comprimento. Com movimentos ondulantes da cauda, que é bem longa, ele nada muito bem. Seus olhos e suas narinas são salientes, e por isso pode ficar semissubmerso, como se fosse um submarino. Na Amazônia, o jacaré-açu foi muito procurado por caçadores para venderem seu couro e sua carne, dois produtos muitos valorizados. Hoje em dia está cada vez mais difícil encontrá-lo, justamente por causa da caça predatória que quase o levou à extinção.

42 *Bater lá* significa chegar lá, alcançar um objetivo de chegar a certo lugar. Mas pode ser que alguém não queira e mesmo contra a vontade *vai bater lá*, como num hospital, p. ex.

no pé dele. Ele bateu e acertou no pé! O bicho se meteu embaixo do barranco[43]. Esse lago era tudo só barranco, só tinha aqueles laguinhos pequenos. Era barranco, barranco. O bicho meteu[44] *pra* baixo do barranco. Tinha um lugar que davam o nome de Pirarara. Diz que tinha Cobra Grande lá, o pessoal falava. Só que o cara não acreditava! Facilitavam[45] *pro* negócio! Então, pelejaram, pelejaram com esse jacaré, até que conseguiram matar ele. Um jacaré com uns 3m. Era grande. Pegaram ele, embarcaram na canoa. A canoa era grande. Embarcaram. O Simão olhou *pra* trás, *pro* lago, e viu aquele fogo bem, bem lento. Ele disse:

– Ezídio, olha o fogo.

– Tio Simão! É... é a Cobra Grande! E *vum'bora* sair daqui!

Aí, ela virou de frente com eles! Quando virou de frente, o reflexo deu nele! O reflexo do fogo dela. Tinha um *pantanalzão*, aí eles meteram![46] Eles não sabem como acharam tanta força de meter a canoa dentro daquele pan-

---

43 Pedaços de floresta típica da beira dos rios que se deslocam na época da cheia e ficam se movendo ao sabor das correntezas. Geralmente compõe-se de mururé, capim, canarana, aninga e pequenas árvores. Acredita-se que há bichos ou Mães embaixo deles.

44 O verbo meter é usado em expressões que significam sair correndo em disparada. Um exemplo é "meter o pé", ou seja, sair acelerado, bem rápido.

45 Facilitar aqui tem o sentido de vacilar, apresentar comportamento irresponsável ou descuidado consigo mesmo, principalmente com relação à sua segurança ou saúde.

46 Aceleraram.

tanal feio. Quando eles conseguiram entrar uns 10m dentro do barranco, já pulando dentro *pra* puxar a canoa, quando eles conseguiram puxar a canoa, quando embarcaram na canoa, ela boiou lá onde ele *tava*. Diz ele:

– Meu filho, eu... Eu tenho certeza que, se cortasse na gente assim, era capaz de não sair nem sangue, de tanto medo que a gente *tava* lá dentro daquele cerrado.

E a bicha ficou lá... Ela sentava e ela boiava lá longe, dentro de dois, três minutos, ela boiava lá. Aí, boiava tudo quanto era troço do fundo. Polpudos, aqueles bagaços de capim, tudo boiava do fundo. E aquela *zuadeira*[47] que ouvia dela, que chiava igual a uma lanterna de carbureto[48] quando a gente dá pressão nela. Chiava... *Chiiiiiiiizzzz.* Aquilo é que dava medo mais nele. E eles ficaram lá até que clareou. Quando foi *pra banda*[49] da madrugada, por volta das quatro, ela sentou, aí sumiu.

---

47 Zoada, barulheira.

48 Nas décadas anteriores as lanternas que usavam carbureto eram muito usadas em pescarias. Elas são feitas em latão ou cobre, e têm dois compartimentos sobrepostos. O superior leva água, e o inferior contém o carbureto. Através de uma válvula, a água vai pingando aos poucos sobre o carbureto, que reage gerando um tipo de gás que escapa com pressão através de um bico, produzindo uma chama clara e brilhante. Através de um refletor acoplado na peça, o facho de luz é projetado até 15 ou 20m.

49 A expressão *pra banda* tem o sentido de "para perto de", "para o lado de".

A Guaribamboia

Maria Régis Santana (Dona Sinhá)
Aldeia Aningalzinho, Rio Arapiuns

Eu tenho 65 anos de idade, fui nascida e criada no centro do Paricatuba. Lá os curadores[50], sempre que a gente precisava, eles iam fazer trabalhos. Eles diziam que lá no porto de casa tinha uma Guaribamboia encantada. Sempre quando a gente adoecia, era porque a gente pulava muito na água desse porto. Quando a gente é criança, a gente é muito danada! A gente pulava muito da ponte *pra* dentro do igarapé. E ela se abusava[51] com a gente. De repente, ela dava uma lambadinha[52]. Aí, "Vai buscar o curador!" O curador chegava e fazia os trabalhos de defumação[53], os

---

50 Na região, curador é sinônimo de pajé. No Baixo Tapajós, desde os anos de 1990, os indígenas passaram a usar mais o termo pajé, por parecer mais apropriado para reforçar sua identidade e sua particularidade como povos indígenas. Os demais moradores continuam falando curador.

51 Perdia a paciência.

52 "Dar uma lambada" é uma expressão popular que pode significar bater em alguém. Aqui, tem sentido figurado, que remete a uma espécie de castigo que resultava em adoecimento.

53 A defumação é parte do tratamento para afastar os males do corpo e da alma. Quando se trata de uma defumação de enfermo, normalmente

remédios caseiros, a gente ficava boa. Sempre, de madrugada, o papai chamava a gente e dizia:
– Escuta, a guariba *tá* cantando.
E a gente escutava... A gente escutava no igarapé, dentro do igarapé. A gente escutava que vinha de lá. Não era uma guariba do mato, da mata, assim cantando *pro* meio da mata, não. Era lá no *garapé*.

Sempre, a mamãe dizia *pra* nós, o papai aconselhava que nós não *devia* ficar gritando, pulando demais na água, que o nosso banho tinha que ser rápido. Mas, criança, quando o pai *tá* em casa, a mãe *tá* em casa, ainda é muito bom, que a gente tem aquele medo, aquele *arreceio* de apanhar, e a gente faz como o pai pede, como a mãe pede. Mas, quando o pai saía de casa, a mãe saía de casa, nós *se danava* pulando. Nem demorava, era febre, era dor de cabeça. Não tinha gripe. Podia buscar o benzedor! Podia buscar o benzedor, que ela já tinha olhado *pra* gente com mau olhado.

Assim o tempo foi passando, o tempo foi passando, e a gente foi se criando com a graça de Deus. Depois nós soubemos respeitar ela, *pra* ela também poder respeitar a gente. E ela foi uma vizinha *pra* nós, que reinava (se estranhava) com a gente!

---

o benzedor usa um cigarro de tabaco coberto com fibras de tauari. Na defumação de uma casa ou de um ambiente, e durante rituais indígenas, usa-se um pequeno fogareiro e queima-se cascas de envira-taia, malagueta, mucura-caá e outras ervas.

O canto dela era um pouco diferente do canto da guariba da mata. A da mata tem dois sons de voz: ela tem a voz grossa e a voz fina. Essa tinha só a voz grossa: *Ohohohohohoh...* Ela se asseava[54] e baixava[55], mas não trocava o som da voz. A da mata não, ela tem dois sons. Ela tem a grossa e ela tem a fina! Essa era a diferença que nós *achava*, e que o papai dizia *pra* gente:

– Olha, presta bem atenção, que a *daí da água*, a encantada, ela só tem um som de voz, que é a grossa. E a da mata tem as duas. A da mata, ela ainda faz uma dobrazinha, ainda vai lá e ainda vem cá. Essa, não. Era direto assim: *Ohohohohohoh...*

Uma vez o nosso igarapé secou. Ficou seco, seco, seco, que você só via o caminho, parece que era uma estrada, um caminho. Quando nós vimos que *tava* mesmo ficando no seco, que estava no seco, que a gente já tinha que pegar água mais embaixo um pouco, já tirada com cuia *pra* colocar no balde[56], aí o papai chamou um curador. O nome dele era Manoel Gama, que já é falecido. Ele fumava e fazia trabalho! Como diz a moda: *ele batia a costa*!

---

54 Assear-se é usado com o sentido de fazer a higiene pessoal ou se limpar, lavando apenas partes do corpo e, mesmo assim, meio superficial ou rapidamente. É diferente de tomar banho, que significa uma limpeza completa.

55 Mergulhava de volta para o fundo d'água. Isso quer dizer que a Guarimbamboia tomava seu banho e voltava para o fundo do igarapé.

56 De tão pouca água que havia, só podia ser retirada com uma cuia (espécie de tigela) para então ser armazenada no balde. O balde, mesmo, não entrava na água.

Ele chegou lá em casa e desceu *pro* igarapé com um cigarro de tauari[57]. Sozinho *pra* lá, ele conversou. Não sei com quem ele conversou, ele conversava *pra* lá. Quando ele subiu, ele disse:

– Olhe, compadre, ela vai voltar, mas vai depender de um trabalho.

O papai disse para ele:

– Olhe, eu já tenho cachaça, eu já tenho tabaco, eu já tenho a sacaca[58], eu já tenho o paricá[59], tenho tauari.

– Então, vamos fazer o trabalho hoje à noite.

E ele fez o trabalho dele. *Tá* certo que a água não voltou logo de manhã. Ainda passou um mês mais ou menos. Aí, ela encheu, ela voltou de novo, e até hoje tem água nesse igarapé. Graças a Deus! Eu acho que não foi mais preciso a Guaribamboia se aborrecer com alguém, porque não mora mais ninguém lá. Só ela ficou.

---

57 Árvore da região, da qual se tira uma fibra (espécie de *envira*) da entrecasca para enrolar tabaco e fazer o famoso cigarro muito usado pelos *pajés* nas defumações. Acredita-se que a fumaça do tauari tem atributos de proteção contra maus espíritos. Quando se quer dizer que uma pessoa entende da arte da cura, ou que é um curador, diz-se "Ele fuma tauari".

58 Também chamada casca-sacaca e muíra-sacaca, é planta amazônica muito usada na medicina tradicional amazônica. Faz-se chá de suas folhas e cascas.

59 Planta da família das leguminosas, tem casca grossa, madeira avermelhada, dá flores pequenas e frutos grandes.

A Camará

Josefa da Silva
Aldeia Muratuba, Rio Tapajós

O Lago da Camará tinha um miritizal[60] e um caranazal[61]. Na praia tinha um beco dum *garapé*, um *garapezinho* que escorria só água. Aí passava Tapiraiauara[62], passava! Tinha um beco que morava a Guaribamboia, e, lá dentro, morava ou mora – não sei onde ela está agora – a Camará. Uma *camaroa*[63] que parou de se criar[64]. Ela mora dentro do Lago da Camará.

Lá, um dia, quando chegou umas pessoas estranhas, quando subiu uma empresa que chamava Araújo, aí ela

---

60 Local de concentração de miritizeiros, também conhecidos como burutizeiros (espécie de palmeira comum no Norte do Brasil).

61 Local de concentração de caranás (espécie de palmeira comum no meio de lagos e igapós).

62 Dizem que é uma onça d'água, que algumas pessoas dizem que é um animal de verdade, que vive no fundo dos igarapés e lagos. Mas a maioria fala que é um ser sobrenatural, encantado. O certo é que a maioria tem medo da Tapiraiauara. A origem da palavra é do Tupi: *tapir* = anta, *iauara* = cachorro ou boto.

63 Fêmea do camarão.

64 Parou de se criar aqui tem o sentido de ser algo muito grande.

se desgostou. Saiu a Camará, com um capim em cima da cabeça, *arremexeu* tudinho[65]. Porque eles meteram fogo, queimou tudinho, o caranazal e o miritizal, e ela se desgostou e saiu. Veio com só um capinzinho em cima da cabeça dela. Ela não chegou a entrar, que é baixo, baixo, muito baixo *pro* lado de lá. Aí, ela *vortou* de *vorta*, ela ficou *remanciando* aqui no Tapajós direto. Quando aquelas pessoas foram parar na ponta do Surucuá, que é dela, ela *vortou* de novo, deu uma tempestade. Ela veio e se *acolocou* no centro da cabeceira onde estão a Tapiraiauara e a Guaribamboia. A Tapiraiauara é um boi com um chifre na ponta. A Guaribamboia, quando a gente ia apanhar miriti, barulhava na palha e ela começava: *Grohohohoh...* Ela anda tudo mole! Mas é guariba mesmo! E elas *tão* tudo morando aí! Isso me deixou tão impressionada, que eu fui espiar aonde ela ia, e eu disse:

– Ei, Camará, tu vai *vortá* ou não?

Aí, eu fiquei lá em pé em cima do barranco, espiando. Ela foi embora, e depois chegou meu filho:

– Não tem condição, mamãe, de pegar peixe agora de jeito nenhum! Espia como *tá* o rio.

Então, é isso aí que é a Camará que a gente fala! A Camará é uma camaroa muito grande, daquela do olhão e barbona.

---

65 Fez tudo remexer.

Dinaldo furou o boto

Maria Enir
Aldeia Zaire, Rio Arapiuns

Eu tenho um filho chamado Dinaldo. Ele gostava, mas ele gostava do *goró*[66]. Então, ele tinha que sempre ir lá *pra* vila[67] com os irmãos e os primos. Eles iam por causa das gatas[68], era *tudo* jovem. Bom, daí o Nardi chegou e eu perguntei:
– Nardi, cadê o Dinaldo?
– Ficou, mamãe!
– Que horas que ele vem?
– Não sei, *tá* luar bonito!

---

[66] Genericamente, goró é bebida alcoólica, cachaça. Na Amazônia o termo é flexionado em verbo (*gorozar*), no diminuitivo (*gorozinho*) e no aumentativo (*gorozão*).

[67] As comunidades ribeirinhas da região geralmente dividem sua área em *vila* e *centro* (também chamado colônia). A vila é o lugar de moradia, onde se concentram serviços e espaços de sociabilidade (escolas, igrejas, barracões comunitários, barracões de festa). O centro é a área dos roçados, e normalmente cada família tem o seu.

[68] Moças bonitas (gíria).

Eu fiquei preocupada com eles... E esse Panã mesmo que estava aqui, ele disse que, quando vinha de lá, o Dinaldo perguntou:

– Cadê a cachaça, cara?

– Não, eu não trouxe!

Ele tinha chegado do Maicá, e falou:

– Não trouxe, não, a cachaça.

– Mas, *pô*, eu *tava* a fim de beber!

Então, o Panã veio embora. Só que aqui seca, e fica um igarapezinho. Mais tarde, quando Dinaldo chegou de lá, no luar, ouviu que alguém assobiou *pra* ele:

– *Fiu, fiu, fiu!* Dinaldo, Dinaldo!

Aí, ele disse assim:

– Oi!

– Vem cá!

– Mas, *pra* quê?

"Mas o Panã, me chamando agora"? – ele pensou. Chegou lá, no luar bonito, mas bonito mesmo! Ele disse que levava uma faca grande, porque *tava era* com medo do Boto. Ele falou assim mesmo! Quando ele chegou lá, era o Panã! *Tava* com uma garrafa de cachaça lá e disse:

– Olha, *vum'bora* beber?

– Mas o Panã não tem cachaça... Ele pensou.

O Panã deu a garrafa de cachaça *pra* ele, o Panã. Quando Dinaldo virou, a cachaça só era água. Então, ele pensou: "Ah, esse é o Boto mesmo"! Ele virou e empurrou-lhe a faca nele! E a faca pegou nele! Depois, ele chegou correndo lá em casa, dizendo:

– Mamãe, mãe, eu furei o Panã!
– Meu Deus, meu filho, por que tu fizeste uma coisa dessas?
– Não, mamãe, eu furei o Panã mesmo e eu vou matar ele!

Ele disse que furou e saiu correndo *pra* cá. Nós corremos *pra* lá e chegamos *pra* irmã da mamãe. O Panã era filho dela. A mamãe saiu por cima e perguntou:
– Mas *pra que já*[69] fizeram isso?

Eu fiquei nervosa. E, quando eu cheguei lá, eu disse:
– Mamãe, mamãe!
– O que é?
– Chame o Tio Lau, pergunte se o Panã *tá* aí.
– Tio Lau, Tio Lau!

Esse irmão da mamãe.
– Tio Lau, cadê o Panã?
– *Tá* aí, *tá* dormindo!
– Mas, ainda agora o Dinaldo disse que furou o Panã.

Mas olha, quase o meu filho morria. Deu uma grande dor de cabeça, que, se não fosse o pajé dali do outro lado... Ele disse que é porque ele furou o Boto, mas não matou. Ele disse:

---

[69] "Já" é uma interjeição aposta ao fim de muitos verbos, formando expressões muito características do linguajar popular no Pará, que dão ênfase ao que se diz para demonstrar espanto, desconfiança, repreensão ou chamar a atenção do interlocutor.

– Mamãe, eu *furei ele*, olha só! *Chega a faca veio* cheia de sangue! Só que ele correu aí *pra* ponta. Mas ele não morreu, não.

Quase que matava o Boto. Mas Dinaldo conta até agora, que ele (Dinaldo) *tá* vivo. Se ele *tivesse* aqui, ele ia contar essa história que aconteceu com ele mesmo. O Boto não morreu, mas quase que matavam o Dinaldo! Deu uma grande dor de cabeça, deu febre, aí *mandemo* buscar o pajé e ele disse:

– Não. É porque ele furou o bicho e não matou. Era *pra* ele ter matado o bicho, que não ia acontecer isso com ele. Verdade isso aí! É, aconteceu mesmo. E ele conta até agora.

O Boto, o rapaz e a namorada

Ronaldo dos Santos
São Pedro, Rio Arapiuns

Uma vez aconteceu com um rapaz que tinha uma namorada, e um colega dele também queria essa mesma menina para namorar. O colega queria a mesma namorada do rapaz. Quando foi um dia, o rapaz foi caçar. Foi caçar e ficou *pra* colônia, ficou *pra* lá *pra* caçar. O pessoal baixou *pra* vila. Mas o rapaz tinha ficado lá no mato, *pra* caçar. Quando deu umas sete horas da noite, um cara apareceu lá na vila. Então, um pessoal pensou que era o tal rapaz que tinha vindo do mato. Mas não era, porque ele tinha ficado caçando lá no mato e só vinha *pra* vila no dia seguinte. Mas o pessoal tinha certeza que era.

Quando deu umas oito horas da noite, aquele colega que queria a namorada do rapaz topou com ele e a namorada dele embaixo de um seringal. Como o colega queria a namorada dele também, os dois começaram a brigar pela menina lá no seringal. Eles *tavam* disputando a menina lá. O colega começou a xingar lá *pro* lado do namorado da menina. Só sei que a porrada[70] encaixou lá, e eles se bate-

---

70 Briga, confusão, confronto físico violento entre duas ou mais pessoas. Quando acontece uma briga que envolve muitas pessoas em um mesmo lugar, fala-se também em "porradal".

ram, se bateram até que o rapaz puxou *pel'uma* faca e deu uma furada no colega.

Depois disso, o rapaz correu, correu e foi avisar que tinha furado o colega dele. Foi aquele comentário na vila. O rapaz chegou lá e contou que eles tinham brigado e que ele tinha furado o colega. Quando perguntaram o motivo, ele contou que foi porque esse colega tinha batido nele. *Tá* bom.

O pessoal foi lá no tal lugar, ver o colega do rapaz, que tinha sido furado. Chegando lá, era muito sangue, muito sangue mesmo, mas só que o cara não *tava* caído mais lá não. Então, o pessoal percebeu que ele tinha corrido no rumo da beira, lá *pro* lado do rio, e eles todos correram atrás. Ficaram lá, não viram é nada. Quando foi de manhã, eles foram ver e... O rapaz furado tinha desaparecido lá no meio do rio, lá dentro d'água, lá! Ele tinha caído na água. Um pescador foi no outro lado pescar, e, quando chegou lá do outro lado, ele viu aquele negócio tufado[71] lá. O pessoal foi olhar e era o Boto, com a furada bem embaixo do braço onde o rapaz tinha furado o tal colega!

Aconteceu isso lá! Que o Boto virou gente e morreu disputando uma menina. Só que ele não teve sorte. Ele morreu! Porque o Boto, ele se transforma em qualquer pessoa. Se ele quiser se transformar numa mulher ou num homem, se achar que deve, ele se transforma mesmo, vai lá e faz o que ele bem entende. Depois ele se *destransforma* e vai *pro* fundo!

---

71 Inchado.

Medo da cabeluda

Marcelo Tupaiú
Aldeia Zaire, Rio Arapiuns

Nessa pescaria fui eu com meu primo. Nós éramos três. Nós *fumo* num botinho. *Tava* pescando mapará[72]. Só que os boto *num* deixava, eram dois botos. Então, *fumo pro* capim. Eles boiavam, eles iam lá, assim, embaixo do buraco. Aí, eu dizia *pro* meu primo:
— Eu vou furar um desses.
Ele dizia:
— *Num* fura.
— Eu vou.
Eles iam lá, e boiavam de novo. Nós *fiquemo* lá. E, cadê?! Lá vêm eles de novo. Chegavam lá no botinho da gente, eles rebojavam lá. Então, eu disse:
— Rapaz, eu vou furar um desse.
Eu disse *pra* ele.
Peguei a faca, amarrei num pau, e disse:
— Eu furar um desses.
Quando *cheguemo* bem lá na coisa, quando ele boiou — nós *tava* de *costa* — e quando ela boiou assim, quando nós

---

[72] Peixe comum no Norte do Brasil.

olhamos, ela sacudiu o cabelo. Uma Bota!!! Sacudiu o cabelo! Ela *saiu fora* da água da altura de quase 1m. Ela sacudiu o cabelo *pro* nosso lado! Balançou a cabeça! Iiiiixi![73] Tipo uma mulher. O que nós fizemos?! Nós *fiquemos* com medo, então eu convidei meu primo, funcionei a rabeta[74] e nós *chutemos pro* Maicá[75]. Cheguei lá, eu contei *pros* meus pais. Que lá, lá onde nós *tava* pescando, que era na Ponta do Genipapo, que lá é encantado. O que tem lá é uma realidade. Eu vi mesmo. Eu vi, de dia, uma Bota sacudindo o cabelo, o cabelo preto. Boto *num* tem cabelo... Aquela tinha. Eu contei *pros* meus pais e *pros* meus avós, que entendem e *tão* vivos. Eles disseram que é um encantado que tem lá. Aí, eu disse que lá, eu nunca mais pescava lá naquela ponta, nem de dia nem de noite!

Fiquemos com medo mesmo, porque nós vimos. Eu acho que ela ainda boiou longe do capim *donde* nós *tava*. Era tipo uma mulher. Cabelo mesmo de mulher, corpo de bota, ela saiu 1m fora d'água. Medo da cabeluda!!!

---

73 Esse *ixi* (que pode ser pronunciado de forma prolongada no primeiro "i") é uma versão mais resumida do *Vixe*!, que, por sua vez, deve ser uma versão menor do "Virgem Maria!".

74 Canoa com pequeno motor na popa, de pouca força (geralmente de 3 a 5 HP), mas muito prática e de fácil manuseio. A rabeta seria só o motor, o eixo e a hélice, mas fala-se rabeta hoje para o conjunto todo, incluindo a canoa. Atualmente, os remos só são usados para pequenas distâncias, pois para viagens mais longas a maioria dos ribeirinhos já tem a sua rabeta.

75 Aceleraram o motor rumo à localidade chamada Maicá.

O Lavrajé

Zomar Pereira Lopes
Pinhel, Rio Tapajós

Eu nasci aqui nesta terra de Pinhel, estou com 67 anos e tenho umas histórias, umas historinhas *pra* contar, daqui da minha comunidade. Aqui há o porto de Itapara, que tem aquela ponta de pedra. Lá tem um encante[76]. Lavrajé é o Boto. Esse Boto, ele sobe não todas as noites [para o povoado]. Ele sobe quinta e sexta-feira à noite, na boca da noite[77] ou, às vezes, onze horas, meia-noite. Quando dá três horas, ele volta *pra... Pra* lá. *Pro* encante dele, que é justamente a pedra. Lá embaixo daquela pedra que tem, o Itapara. É a pedra o encante dele, o encante do Boto que tem lá, o Lavrajé.

---

76 Praticamente em todas as comunidades da região existem encantes, segundo os relatos.

77 É o horário que vai desde quando escurece até aproximadamente às 20 horas. Boca aqui tem o sentido de início da noite. Fala-se também boquinha da noite (ou de noitinha) para destacar que se trata dos primeiros minutos da noite.

Antigamente ele fazia muitas marmotas aqui na Festa de São Benedito, que era a Festa do Gambá[78]. Ele saía dançando, saía com roupas brancas, chapéu na cabeça. Tirava o chapéu dele, que era uma arraia[79]. Então os Botos andavam na festa com aquelas mulheres, aquelas mocinhas que ficavam tão admiradas com ele. Por quê?! Ele fazia aquilo, ele encantava as meninas, porque ele era o Boto! O Lavrajé. Quando, muitas vezes, essas pessoas chegavam de fora, essas moças aí se admiravam dele e aí começavam a conversar com ele. Ele pegava, levava. E quando elas pensavam que não, era o Boto. Ele queria agarrar elas *pra* dentro d'água! Haja[80] que elas corriam *pra* trás. Elas cismavam que era o Boto, e era o Boto mesmo! Então essa é a história que já aconteceu e acontece aqui na região de Pinhel, o Lavrajé.

---

78 Gambá é um instrumento musical de percussão, um tambor feito com pau oco e fechado com couro em uma das extremidades. A palavra serve também para referir à música, ao ritmo e até à festa. A Festa do Gambá (ou de São Benedito) ocorre anualmente em Pinhel entre os dias 28 e 30 de junho.

79 Quando assume a forma de homem, o Boto usa uma arraia transformada em chapéu.

80 *Haja* é um termo usado para dar a ideia de algo recorrente, que se repete insistentemente. A palavra em si não tem tradução exata, mas ganha sentido no contexto da frase. No caso, enfatiza o quanto elas corriam.

Eu engravidei de bicho

Maria Enir Tupaiu
Aldeia Zaire, Rio Arapiuns

Aconteceu um problema muito sério comigo. Que a minha mãe falava que o bicho engravidava, engravidava... Eu nunca acreditei, pensei que todo tempo era mentira. A minha mãe falava:
– Não faz isso, minha filha. Acontece...
– Mas eu não acredito, não.
Quando foi uma época, eu adoeci demais. Adoeci, adoeci, adoeci. Eu morava lá onde morava o marido, no São Pedro. A gente morava lá na colônia. Tinha um igarapé lá. E lá eu adoeci, fiquei, adoeci. Era dor de cabeça, era febre, dor no pescoço, dor na perna, e fiquei muito fraca, eu fiquei *vascuando*, *vascuando* [evacuando?]... Pensei que eu *tava* doente de câncer. Eu falei *pro* marido, só que ele não ligava *pra* mim. Mas quando?! Não ligava, não. Ele dizia:
– A minha família nunca saiu daqui, nunca saiu daqui.
Então, eu disse:
– Sabe o que é que eu vou fazer? Vou *pra banda* da minha mãe, do meu irmão.

E eu vim *pra* cá. Cheguei *pra* cá, falei *pro* meu irmão e ele me benzeu. Que ele é um bom pajé! Ele me benzeu e falou:

– Olha, *mana*[81]...

Chamou o meu marido e disse:

– Olha, se tu não *cuidar*, ela vai ter um mês de vida, um mês só.

Ele disse *pra* mim:

– Olha só, que o teu remédio é isso, isso! É aguardente alemã, mamona[82] e raluá[83]. Tu *tem* que comprar pra *ti* tomar esse remédio. Tu *vai* ver tua doença. Com oito dias tu *vai* ver.

Só que ele não me falou também o que era. Ele só falou assim. Tá bom. Depois eu fui *pra* lá *pro* São Pedro, porque o irmão do meu marido morreu. Então, eu fui *m'imbora*, levei o remédio e sempre tomei. Tomei.

Com oito dias eu fiquei com aquela dor, aquela dor, aquela dor, agoniada, aí eu fiquei *vascuando*, *vascuando* mesmo. Com poucos minutos eu joguei o bicho! Saiu com a capa. Com a capa cheia de ova, e o bicho dentro, vivinho, se mexendo. Peguei, chamei meu irmão:

– Ô, Ari, vem cá, mano, joguei um negócio aqui. *Num* sei o que é.

Ele chegou lá e disse:

---

81 Mana e mano são formas abreviadas para irmã/irmão. Usa-se frequentemente, também, para indicar familiaridade e carinho com o interlocutor, mesmo que não se trate de um irmão de sangue.

82 Fruto da mamoneira do qual se extrai um óleo usado em fins medicinais.

83 Beberagem indígena feita com casca de abacaxi, caxiri e gengibre, que é muito usada para fins medicinais, especialmente como depurativo do sangue. Não confundir com o aluá, a bebida fermentada igualmente feita com casca de abacaxi.

— Mas é mesmo! Chamei a mamãe, a mamãe veio. Aí, *rasguemos* a capa. O bicho *tava* dentro daquela capa. Vivo! Tinha dente, tinha mão, tinha tudo! Aparecia assim, tipo... Assim, *a modo* um tipo, assim, parece... Dum sapo! Ficava de bruços. Agarrei[84], tirei, coloquei no álcool. Teve muita gente que viu. Só que eu fiquei com aquilo. Ari chegou e disse para mim:

— Olha!

— *Tá* aqui, mano, foi esse aqui o negócio que eu joguei.

— Olha, tem que queimar isso aqui. Porque se tu não *queimar* isso aqui, ele vai te matar, porque ele fica te olhando, porque ele não tá morto, ele tá vivo, ele tá amortecido...

— O que é que eu faço?

— Ah, faz uma coivara[85] grande, pega oitenta malaguetas e envirataia[86], cipó-alho[87], queima. Aí, tu vai *ter* uma dieta de um ano e três meses, *pra ti* não pisar na tua casa.

E, além disso, ele disse:

---

84 Usa-se muito a expressão "agarrar" no sentido de pôr-se logo a fazer alguma coisa, tomar uma providência.

85 Espécie de fogueira que se faz com pilha de gravetos, arbustos, galhos de árvores. É também uma técnica tradicional agrícola, baseada na queima prévia da vegetação derrubada para a limpeza do terreno para o plantio.

86 Casca de uma árvore aromática, usada em defumações para espantar bichos e doenças.

87 Planta trepadeira grande, comum na região amazônica, onde é usada para tratamentos de saúde e para espantar maus espíritos.

– Tua valência[88] foi que o bicho não judiou[89] no teu corpo. Ele pegou a tua roupa e tu *foi* vestir a roupa. E tu *tem* que queimar toda a tua roupa.

Eu acho que em toda minha roupa ele já ficava brincando. Eu agarrei e fiz o que ele mandou. Fiquei sem roupa. Fiquei com a roupa do corpo mesmo. Fiz o trabalho. Ele fez o remédio *pra* mim. Levei cinco anos doente, cinco anos! Com cinco anos eu consegui minha saúde, graças a Deus. Consegui, mas levei muito tempo doente. Ele me tratou, ele me curou. Só que ele não falou quem era o bicho. Ele só falou assim, que era a Mãe do igarapé[90]:

– Olha, é a Mãe de lá, do igarapé *que* tu *mora*. Ela é que fez isso *pra* ti, porque tu não *acreditava*.

Mas eu escutava o assobio, escutava *trupé* [tropel], eu escutava tudo isso! Só que o meu marido não acreditava em mim. Eu falava *pra* ele, mas só que ele pensava que era mentira. É! Ele levava na brincadeira! Eu *tava* morrendo, mas ele não *tava* acreditando em mim, não. Se não fosse minha família, o que eu tinha sido?

---

88 Sorte. Usa-se na expressão "à valência" com o sentido de: "a sorte foi que..." ou "a tua salvação foi que..."

89 Prejudicar. Acredita-se que os bichos *judiam* a pessoa; isto é, fazem-lhe mal físico e espiritual.

90 Dizem as pessoas que "tudo tem mãe". Por isso, a exigência de *respeitar* e pedir licença antes de entrar nesses lugares.

João de Piligrino e o jacu

Lucila Tupinambá

Aldeia Muratuba, Rio Tapajós

João de Piligrino foi à caçada:
– Vou dar uma caçada, vou matar um jacu *pra* comer.
É um pássaro, o jacu. Ele foi, ele atirou no pássaro. O jacu caiu no chão e ele trouxe. Era Sexta-feira Santa. Ele jogou o pássaro em cima do jirau[91], e o pássaro disse assim:
– Olhe, João de Piligrino, me trata já!
Ele foi e tratou. O pássaro falou:
– Aí, me trata já!!!
Ele colocou a panela no fogo, deu uma cacetada no bicho e falou:
– Mas, que coisa que não quer morrer!
E o jacu falou de novo:

---

91 Palavra do Tupi que significa estrado (ou armação) rústico feito de paus finos ou de madeira que serve para colocar panelas, lavar louças e para tratar do peixe ou da carne. No interior não tem uma casa que não tenha jirau. Cumpre a função de uma pia ou mesa.

— Coloca a panela no fogo, João de Piligrino? *Me depena, já!*

A panela *tava* quente. Ele tratou de depenar o jacu, e então disse:

— Agora, parece que já morreu!

Mas o jacu disse assim:

— João de Piligrino, me trata já *pra* amiudar, *pra* pôr na panela.

E o João:

— Mas, que bicho que não quer morrer!

Ele amiudou, colocou na panela. Quando acabou de cozinhar, o jacu disse assim:

— João de Piligrino, me come já!

Verdade isso, diz que! Foi verdade mesmo. O bicho foi falando, foi falando, foi falando. Mas João de Piligrino comeu. E dentro da barriga dele, o jacu falou, lá dentro, que já queria sair do bucho do homem! Aí, ele foi, fez a precisão[92]. Foi um exemplo *pra* ele, que era *pra* contar a história. Terminou a história. Mas, depois que ele botou *pra* fora, quem sabe lá *pra* onde foi aquele pássaro?! Assim, ele acreditou que existia Deus no céu!

---

92 As necessidades fisiológicas. No caso, defecou.

O vulto no cemitério

Hipólito Silva
Aldeia Muratuba, Rio Tapajós

Voltando do Surucuá... Isso já era umas sete da noite. Ele ia pisando[93] *pra* chegar lá na casa dele. Ele vinha pela praia. Quando ele chegou do lado do cemitério, em cima daquelas pedras, ele avistou um vulto em cima da pedra, todo de branco. E ele tinha que passar rés[94] à pedra... Quando chegou defronte do vulto, ele falou com aquele vulto que *tava* lá. Ele disse:
– Boa noite!
Não responderam. Ele disse:
– Tu não tem boca, *felho da pota*!
Ele não fechou a boca, sentiu o tapa[95]. Pá!!! Ele caiu.

Que ele *alevantou*, ele puxou a faca, um terçado 128[96], que era daquele assim, parecido com uma língua, fininho, só que compridão mesmo! Ele era amolado dos dois lados.

---

93 Caminhando rápido.
94 Junto, bem perto. Fala-se também *rente*.
95 Mal ele terminava de falar, já sentiu o tapa.
96 Modelo/tamanho de terçado (facão).

Ele usava no lado do corpo, que você nem percebia se ele andava armado. Ele puxou a faca, o facão... E aquele vulto pulou em cima dele. E ele meteu o facão *pra* pegar de ponta. *Isféééé!* Ele metia *pra* lá, ele sentia o tapa. Quando ele enfiava, ele sentia o tapa. E não acertou uma furada não, no vulto. Cada facada que ele jogava naquele vulto, ele pegava um tapa. E aquele tapa foi até que ele caiu n'água. Quando ele caiu n'água, o vulto ficou lá na beira[97]. E ele disse:

– E agora, *pra mim* sair?

Ele resolveu ir por dentro d'água. Foi por dentro d'água e foi sair só lá no igarapé, lá de Muratuba. De lá, ele chegou *na* casa dele. Mas ele apanhou muito desse vulto no cemitério! Não sabe se é dos que já *tão* enterrados ou se era outra coisa, um espírito mau. Mas ele conta que foi verdade, isso que ele viu, que ele apanhou!

---

97 Os moradores acreditam que visagens e alguns bichos não atacam na água. Por isso, quando o homem caiu dentro d'água, o vulto não foi atrás dele.

Seis horas da noite, no caminho da pescaria

Antônio Ferreira Lopes
Aldeia Arimum, Rio Arapiuns

Eu ia andando. A gente vinha da colônia *pra* beira-mar, *pra* pescar, e o meu tio ia tomando umas e outras. Eram umas seis horas da noite, já. Nós não *levava* nenhuma faca, nada. E ele já ia *tontão*. De repente, eu *vi* aquela zoada no caminho, feito uma caça. Aí, eu disse:

– Tio, tio, para aí, para aí, que é um tatu.

Nós se *calemos* e, quando nós se *calemos*, aí foi pedra! Meteu-lhe uma pedrada lá. Daí, eu desconfiei. E olhe, quando a pedra vinha dum lado, desse lado direito, vinha do esquerdo também. Veio uma hora, que vinha de cima, de cima *pra* baixo... Eu tentei é correr, e disse:

– Tio, eu vou correr.

Ele disse:

– Meu filho, pelo amor de Deus, não me deixe aqui!

O velho já *tava* era tremendo, a perna já *tava* tonta, mas *tava, tava...* E agora?

– Não, meu filho, pelo amor de Deus, não me deixe!

E aí, o que fazer? Ele ficou lá. A lua saiu mais ou menos umas sete horas. A lua clareou, aquilo parou mais. Então, eu disse:

– Nós vamos seguir, tio, *pro* campo. Dá uns 15 minutos *pra* chegar da mata *pro* campo!

Quando nós tentamos seguir, aquilo foi *tacando* pedra. Teve hora que já ia... Aquilo parecia um bode, berrando, tentando varar[98] na estrada *com nós*. Eu peguei um pau e também bati, e aquele bicho caiu. Então, nós *fumo*, *fumo*, mas tinha hora que vinha perto de nós, só que eu não enxergava aquilo. Aquilo pulava. Eu calculava, assim, tipo um pular de bode. Pulando! Eu não enxerguei. Quando nós *varemos* no campo, aquilo deixou *nós*. E conseguimos varar.

Outra vez, foi quando nós *vinha* de uma pescaria. Isso já foi com outro tio, o Firmino. Já eram umas seis horas da noite, também. Nós *levava* um remo na mão, *ia* com uma cesta de peixe. Chegou lá na frente, meu tio escutou aquela zoada e disse:

– Meu filho, para aí, é uma caça. Um tamanduá.

E, quando ele disse que era um tamanduá, aquilo veio, meteu-lhe um tapa nele e ele caiu.

– Meu filho, pelo amor de Deus, corre aqui!

---

98 Varar vem de vara, aquilo que fura, que abre caminho. É uma palavra muito usada quando as pessoas querem se referir a atravessar uma parte de mata ou igapó, onde não há caminho feito. Tem o sentido de desbravar, enfrentando os desafios da mata fechada, p. ex. Mas se usa o verbo varar também no sentido de alguém chegar inesperadamente ao local, mesmo que não seja vindo do mato.

Eu corri *pra* lá e pensei: o que é aquele bicho brigando com ele? Eu só *vi* a zoada também, daquele bicho! Olhe, ele acabou com o remo que meu tio levava. E ele pegava cada tapa! Com um pouco, aquilo deixou ele. Deixou e nós *fumo* embora!

E eu também não via aquilo, só via que meu tio apanhava. Ele ainda apanhou bem. Aquilo só não me bateu. Eu levava uma faca pequena, mas não podia fazer nada, porque era meu tio que via. Quando eu via, ele caía lá na frente. E o meu tio, tentando levantar, levantava e batia com o remo. Mas ele não conseguia fazer nada, então deixou. E apanhou bem.

Escutei na minha casa

Maria Branches
Cuipiranga, Rio Arapiuns

Uma noite dessas, eu estava aqui e o menino *tava* aí dentro. Eu não quis chamar ele. Parecia que vinha daí de baixo, parece que vinha.

– *Fi, fi, fi, fi, fi...* [Imitando algo entre assovio e sopro] Quando chegou aqui defronte da casa, aquilo queria falar, aquilo *a modo* queria escavar. Parecia que fosse assim um cachorro que *tivesse* engasgado. Mas não era cachorro! Não era! Não era cachorro aquilo que *tava* engasgado. Estava aí defronte da casa. Gritava, queria gritar, mas não podia. Eu senti que aquilo parou bem ali defronte da casa. Aquilo queria gritar, *a modo* queria falar, queria cantar. Não sei o que aquilo queria fazer! E eu, sentada aqui na minha rede.

Passou para o lado de cima daqui e tornou a voltar *pr'aí* defronte da casa, aquele negócio. Mas eu não quis chamar o menino. Podia ele querer sair, e não ser coisa que prestasse. Esteve, esteve, esteve... Daí, parece que queria sair para o caminho do porto. Daí foi, foi passando aquela...

Aquela coisa! Quase ia devagar, até que não sei o que foi feito daquilo. Era uma visagem[99], mas não sei, não posso dizer que visagem podia ser... Foi coisa que eu escutei, que eu já escutei aqui.

Uma noite dessas, uma voz veio me chamar, parecia que tinham sido meus filhos, que tivessem me chamado. Chamou:

– Mamãe, mamãe!

Mas eu não respondi. Digo:

– Será que é o Joró? É o meu Maike, que sai *pra* assistir TV?

Tava pra dar onze horas. Quando foi essa noite, ele já estava na cama. Ele chegou, deitou na cama dele. [Então,] não era ele.

E o negócio bateu *parma* duas vezes cá *pra* fora! Era batido de *parma* de mão. Agora, eu não sei quem podia ser. Eu não sei o que podia ser.

Eu moro aqui porque... Porque é a minha casa. Muitos, muitos anos atrás, eu já quis vender isso aqui. Mas quem ia comprar? Agora, já gastei um bocado por causa dessa minha casa. Mas eu tenho escutado certas coisas. Quando o meu filho sai *pra* assistir TV, eu fecho a casa e pronto.

---

99 Visagem (também pronunciado *visage*), na região, é coisa que mete medo, principalmente de noite em lugares escuros; é aparição, fantasma, assombração, coisa do outro mundo. Acredita-se que os mortos podem aparecer novamente na forma de visagem, assim como encantados também aparecem ou fazem visagem. Existem lugares mais propensos a tais aparições, que são conhecidos como visagentos.

Os visitantes

Maria Enir
Aldeia Zaire, Rio Arapiuns

A gente foi lá no Balaio visitar ele. *Visitemos* ele lá. Muito bem. Aí, eu tive essas perguntas... Que a gente soube, assim por alto, que umas certas pessoas tinham ido visitar ele. E eu perguntei assim *pra* ele:

— Mas é verdade, mesmo, que *veio* essas pessoas?

— Foi! *Veio* três! *Veio* um homem e duas mulheres. Só que essas mulheres, elas eram com um cabelo assim no rosto delas. O cabelo *não enxergava* a cara delas[100].

Essas pessoas visitaram ele! E queriam levar o rádio dele, queriam levar o rádio e a espingarda. Queriam levar dele. Ele disse que não! Não era *pra* levar dele! E as pessoas disseram:

— Você sabe onde é que nós *mora*?

— Não!

— Nós *toma* conta daquela cabeceira grande ali, que chamam do Velho. Nós temos uma Mãe, daí nós *fica* muito *brabo*[101]. Sabe por quê? Porque atiram nas caças e não matam! *Me dá* muito trabalho *pra mim* cuidar.

---

100 O cabelo cobria e não deixava enxergar a cara.
101 Vem de *barbus* (bárbaro), do latim vulgar, que significava selvagem, bravo. Brabo significa irritado, nervoso, bravo, com raiva etc. Na

Lá só morava ele. E eu disse assim:

– Mas, e aí, o senhor enxergou a cara dela?

Eu, investigando ele, né?! Ele disse:

– Não, senhora. Porque o cabelo estava assim, jogado em cima do rosto. Ela disse que cinco horas eles *vinham comigo* de novo aqui.

Tá bom! E ele foi embora *pra* casa da irmã dele. Quando ele voltou *pra* casa, às cinco horas, é que ele se lembrou. Quando ele chegou, as mulheres *tavam* lá, em pé. *Tavam* lá, esperando ele. Mas ele disse que não enxergou a cara delas, porque elas ficaram com cabelo no rosto, de novo. Elas falaram *pra* ele que era *pra* ele parar de caçar, ou então que caçasse e matasse a embiara[102], porque dava muito trabalho *pra* elas.

Devia ser a Curupira, né?!

Foi isso que ele contou *pra* nós. Só deram esse recado, mas eu acho que depois voltaram *pra* matar ele, porque ele morreu! Morreu buchudo, ele! Muito barrigudo! Porque ele vivia sozinho, né? Ele vivia sozinho e foi visitado pelos bichos. Com certeza! Com certeza que foram esses bichos. Porque... Como a gente não vai conhecer uma pessoa assim, que *tá* sozinha? Que vem conversar com a gente, né?! Só pode ser uma pessoa, como diz assim, invisível, um espírito. É o que falam... Porque eu nunca enxerguei um espírito, mas, como eu digo, eu tenho até medo.

Amazônia, prefere-se a forma *brabo* ou *braba*, que parece estar muito ligada ao comportamento dos animais.

102 Do Tupi, *embiara* significa a caça ou o peixe que caçador ou o pescador conseguiu, a presa. É tudo o que a pessoa consegue para a alimentação. Embiara é a caça abatida.

O Capote

Zomar Pedroso Lopes
Pinhel, Rio Tapajós

O Capote era o seguinte. Eu não sei o que era Capote, mas os meus pais, os meus avós contavam que ele era um homem de veste preta, era tipo um padre. Mas ele... Ele agarrava as pessoas e levava! O que ele gostava muito era de mulher. As mulheres não podiam sair sozinhas que ele atacava, agarrava, pulava nas costas. Inclusive, uma vez o meu pai contava que uma tia deles *tava* no puxirum[103]. Que antigamente tinha muito puxirum. Então, o Capote pegou, agarrou ela e levou ela. Quando ele chegou lá em

---

103 Puxirum vem do Tupi, e suas formas mais antigas eram *potirõ* ou *motirõ*. Daí vieram as palavras puxirum e mutirão, que possuem o mesmo sentido. No Pará, puxirum é muito usado para significar o trabalho coletivo tradicional, aquele em que as pessoas trocam dias de serviço na roça ou limpeza de caminhos. Mas puxirum é mais do que trocar dias de trabalho, é trabalhar junto em um clima de festa e alegria. É um trabalho baseado na reciprocidade, na troca, no rodízio entre as famílias, de forma que na pequena aldeia ou comunidade cada um ajuda todos os outros, e todos ajudam um. Atualmente, a prática do trabalho pago ou assalariado, individual, está enfraquecendo o costume do puxirum, o que é uma pena, pois o trabalho pago jamais vai trazer a alegria e o prazer do trabalho em puxirum, que sempre acabava em festa.

cima com ela, onde o pessoal estava trabalhando no puxirum, eles gritaram e correram lá. O meu pai gritou:

– Aron, olha, é o Capote que vai levando, já vai levando a mulher não sei de quem.

Correram *pra* lá, gritaram, ele deixou a mulher lá. Aí, o Capote falou:

– O que te vale![104]

Lá em Apacê, o Capote foi atacar um homem. O homem tinha uma faca, e puxou pela faca! O Capote queria agarrar ele. Como o homem puxou pela faca, então, esse bendito Capote, quando ia atacar ele, acabou pegando na faca. Quando o capote tirou a mão, ele olhou, viu o sangue dele na mão e disse:

– O que te vale!

E *sortou* o homem.

Então, antigamente tinha esse Capote. Eu não sei o que era esse Capote, eu não sei se era índio que se *ingerava*[105]

---

104 A expressão traduz "à valência". Muitas vezes se pronuncia "quevar que" ou "que te var". Nessa última forma, aparece frequentemente designando o que é falado pelos bichos que gostavam de carregar as pessoas: o Mapinguari, Jurupari ou o Capote. P. ex., na hora que eles já estavam levando uma pessoa, e que chegavam outras pessoas e salvavam a vítima, o bicho jogava a presa e dizia para ela "que te var!". E sumia no mato. Ou seja, ele dizia, "a tua sorte foi eles terem chegado", senão...

105 Ingerar é um termo regional que se refere à transformação, à metamorfose de pessoas em animais, de animais em pessoas, de animais em outros animais etc. É uma crença antiga e generalizada entre os indígenas na Amazônia que animais e vegetais podem o tempo todo se ingerar ou tomar outras formas. Hoje, mesmo moradores não indígenas acreditam que algumas pessoas têm poder para se ingerar em cobra, bode, onça, cavalo ou qualquer outro animal.

pra fazer essa arrumação[106]. Essa é a história que tinha aqui em Pinhel, e eu *tô* contando essa história porque tem muitas pessoas que não *sabemo que é que é* o Capote. Como eu também não sei. O que eu posso dizer... Eu quero dizer que é algum índio velho que se *ingerou* e fazia essa arrumação e levava as mulheres. Ele gostava mais era de mulher, carregava as mulheres, e essa é a história que eu conto.

Agora, ele sumiu! Nunca mais! Quando eu me entendi, eu ainda *vi* o grito dele, um grito muito feio. Ele gritava demais forte, que aquilo enchia a mata. Ele gritava, ele gritava assim: *Aaaaaaaahhhh...* Tipo um grito: *Ooooooooooohh...* Parecia uma buzina! *Orhorhorh...* E ele alteava a voz: *Uouououououououo...*

Aquele grito ia enchendo. Parece um grito no peito dele, que *chega roncava*[107] aquilo! Aquilo ali era feio! O grito do Capote... Ainda cheguei a *ver* o grito dele! Era feio mesmo, fazia demais feio! Ele era assim. Depois, sumiu. Até hoje a gente não vê mais nada de Capote. Então, ele sumiu, acabou-se com ele.

---

106 Invenção desnecessária, traquinagem, alguma coisa estranha.
107 Chegava a roncar.

O Curupira no caminho

Guilherme Floriano
Aldeia Takuara, Rio Tapajós

Naquele tempo eu tomava umas cachaças meio grandes mesmo. E fui embora daqui, cheguei lá no Pini. *Tava* com os amigos, começamos a beber. Quando olhei no relógio, eram seis horas da tarde. Então, eu disse:

– Vou *m'imbora*, que a mulher *tá* me esperando.

Peguei a bicicleta e vim *m'imbora*. Tem uma casinha lá no meio do caminho. Quando eu vinha passando, alguém aguentou[108] a bicicleta. Eu olhei *pra* trás, era um menino. Eu disse:

– *É* tu que *é* o Curupira?

Ele sacudia a cabeça que era.

– Tu *quer* beber cachaça?

Sacudia a cabeça que queria.

Peguei uma cuia de cupu[109], enchi de cachaça e disse:

– Toma aí, mas fica aí que eu vou *m'imbora*. Aí, a bicicleta ia *pro* caminho, ia *pro* mato, mas eu vinha *m'im-*

---

108 Segurou, freou.
109 Cupuaçu, uma fruta regional.

bora. Quando eu cheguei, bem aqui mais na frente onde tem uma samaumeira[110] grande, lá a bicicleta aguentou de novo. Eu olhei, e era ele. Então, eu disse:

– Tu *é* o Curupira mesmo?

Ele sacudia a cabeça que era, mas não falava nada.

– Quer cachaça?

Sacudia a cabeça.

Peguei um ouriço de castanha, enchi de cachaça e disse:

– Olha, bebe cachaça e fica aí.

Ele olhou pra mim e disse:

– *Shi*!

E foi embora com a cachaça dele.

Foi isso que aconteceu comigo. Mas foi uma coisa verídica mesmo. Não é história não, foi verdade que aconteceu!

Depois, eu cheguei em casa e a mulher disse:

– O que é que tu *fazia*?

– Rapaz, eu *tava* bebendo pinga lá no Pini e vim *m'imbora*. Quando cheguei, aconteceu isso comigo.

– Mas é verdade?

– É!

Ela queria ir lá ver ele.

– Não, agora tu não *vai*, não. Não é possível, já é noite! Ele ficou *pra* lá. Só disse "*shi*", e pronto! Não disse o resto! Não completou a palavra. Só disse "*shi*", e pronto!

---

110 A samaumeira ou sumaumeira é uma árvore frondosa, nativa da floresta amazônica. Destaca-se em meio às demais por atingir a altura de até 70m. Sua copa tem uma enorme extensão. É considerada morada da Curupira.

A casa da Mãe do mato

Eliseu Laurido
Vila Amazonas, Rio Amazonas

Eu vou contar a história do Seu Hipólito.

Uma vez o Seu Hipólito foi caçar, aí ele achou uma árvore. Uma árvore que dava uma frutinha muito gostosa. Ele ficou embaixo dela, amarrou a rede dele lá. Ele pensava que lá passava muita caça. Quando foi de noite, umas sete horas da noite, ele escutou um barulho de caça. Corria, passava longe dele. Ele verificou a lanterna. A lanterna *tava* boa. Quando ele viu, vinha um negócio andando, batendo folha no rumo dele. Ele ficou parado lá. Aí, o negócio ficou parado também. Ele *afocou*[111] a lanterna, e não era nada. Não viu nada. Tá. Deitou lá. E era grosso, o pau da rede dele.

Quando viu, já vinha de novo, mas eram dois. Vinham dois, dois negócios pisando *pra banda* dele. Quando ele deu, os dois negócios ficaram bem embaixo da rede dele. Ele ficou olhando... Ele *afocou* a lanterna, mas ela não pe-

---

[111] De focar, ou seja, iluminar diretamente, apontar a direção do foco da luz num rumo preciso.

gou. Ele trocou a pilha. *Afocou, afocou.* Trocou a pilha. Rodou e tentou *afocar pra* cima, mas não conseguiu acender a lanterna. Quando ele já *tava* já quase desanimando, aí os dois negócios pegaram e deram três sacudidas na rede dele. Ele ficou muito com medo!

Ele pegou, desmanchou a rede dele, deixou lá a rede dele. Pegou a espingarda e foi embora. Quando ele já *tava* chegando *na* estrada, ouviu um assovio, um assovio *pra* trás. Ele fincou na carreira![112] Ouviu um assovio *pra* trás, um assovio *pra* frente. Até que ele chegou *na* casa dele. Ele morava com a mãe dele, mas ele *tava* sozinho naquela noite. Então, ele correu *pra* casa do compadre dele. Chegou *na* casa do compadre dele, ele nem pediu, foi entrando com tudo. Chegou lá, contou tudinho o que era o negócio.

Ele *tava* muito com medo. Depois disso, ele não fazia mais nada, deixava tudo *pra* lá. *Pra* tudo ele tinha que ter companhia, porque ele tinha muito medo. Até que a Dona Rita curou ele. Dona Rita era uma curandeira. Curou ele e disse que nunca mais era *pra* ele ir lá, porque lá era a casa da Mãe do mato.

---

112 Partiu na carreira, saiu em debandada.

Acordo com a Curupira

Francisco Godinho Campos
Aldeia Caruci, Rio Arapiuns

Um caçador saiu para caçar. Mas choveu muito, e ele perdeu a direção, perdeu-se no mato. Só que ele era acostumado a caçar, era um caçador profissional. Então, quando ele chegou próximo do *garapé*, ele viu uma Curupira batendo numa *sapopema*[113]. Ele se aproximou de lá, *tava* mesmo chegando tarde, *tava* escurecendo já. Ele agarrou, cortou um cipó e disse:

– Olha, Curupira, eu vou ficar a noite aqui, mas eu quero que tu me *guarneça*[114]. Eu vou te dar um cigarro.

Ele fez um cigarro e colocou lá em cima da *sapopema*, do pau, da raiz. E ficou lá. Ele cortou o cipó na altura dele e subiu. Chegou lá em cima, no cipoal, e se ajeitou bem *pra* não escapulir. E ficou lá. Quando *foi* umas oito horas da noite, ele *viu* o grito, do rumo de onde ele tinha vindo. *Viu* aquele grito forte, que gritava:

---

113 Sapopema ou Sapopemba é a raiz da samaumeira. É raiz muito larga e alta que a Curupira bate, produzindo um som característico. Os moradores sabem que é a Curupira.

114 Guarnecer como vigiar, cuidar, proteger.

– Êêêêêêêêê!

Ele viu que era um grito diferente, estranho. Chegou mais perto, gritou de novo. Quando ele chegou *na* beira do igarapé, que ele *tava* meio perto, aí fazia aquilo:

– *Corórórórórórórôêêêêêêêêêcorórórórórórórô!*

Era um negócio! Aí ele viu que era o Jurupari!

– Poxa vida, meu pai do...

A Curupira sempre batia pena na *sapopema* e assoviava. Então, ele se aproximou de onde ela *tava*. Quando ele viu, foi o tapa que a Curupira deu no Jurupari. Ela meteu-lhe o pau, e esse Jurupari correu. E ela correu atrás! E só se ouviu o estrondo. A curupira batendo! Meteu o pau, bateu, bateu! E o Jurupari correndo, até que ele sumiu. Aí, o caçador viu que ele gritou muito longe já. E ela ficou a noite toda rondando, rondando lá onde ele *tava*, o pau em que ele *tava* trepado. Quando amanheceu o dia, que ele veio ver o sol sair, ele ainda disse pra ela:

– Olha, eu vou deixar mais um cigarro aqui, *pra ti* me mostrar a direção *pra* onde eu tenho que varar, *pra* onde eu tenho que varar.

Ele desceu, deixou o cigarro e foi embora. Ela não judiou dele. Porque, quando a gente conversa bem com a Curupira, que é a Mãe da mata, ela não judia. Pelo contrário, ela defende muita gente porque ela é a Mãe do mato. E foi isso que aconteceu.

Assovio de Curupira

Rosivaldo Sousa
São Pedro, Rio Arapiuns

Uma vez, eu trabalhava com o Antônio lá no Tijolo. A gente subia *pro* mato, onde tinha uma curandeira. Ela avisava a gente que não era *pra* gente comer os peixes, se a gente visse alguma coisa *pr'aí*.

Tinha um terreno chamado "Sem Sal", e a gente passava lá *pra* caçar. Toda vez que passávamos lá, na terra preta tinha duas samaumeiras. Antes que chegasse lá, a Curupira avisava logo, e começava a assoviar. Assoviava, assoviava, assoviava. Quando a gente ia seguindo, ela ia também assoviando, rodeando a samaumeira, até a gente chegar no mato e ela ficar lá. Quando nós voltávamos de tarde de novo, quando a gente vinha chegando lá, ela começava a avisar. Assoviava, assoviava até a gente passar. Quando a gente passava, assim que chegava *no* igarapé, ela se calava também. Nunca a gente mexeu com ela, e também nunca ela mexeu com a gente. Apenas avisava que a gente não era *pra* mexer com ela. Se mexesse com ela... Sempre quando a gente mexe com ela, ela fica braba. Às vezes, ela bate na gente mesmo, ela aparece. Acontece que nem a história de um tio meu.

Ele veio pescar, tomou umas pingas e foi subir no caminho *pra* ir *pra* colônia. Levava uma cambada de peixe. Quando ele chegou lá no meio da estrada, ela apareceu *pra* ele. Ele falou *pra banda* dela, esculhambou[115] com ela. Ela botou-lhe a mão nele, ele caiu. Ele levantou, pegou a cambada de peixe e correu, correu. Chegou lá diante do igarapé; quando foi de novo, ela sentou-lhe a mão nele. Ele caiu. Quando ele chegou lá perto da casa dele, que ele gritou, o pessoal foi ver. Era ele. Ele levava uma cambada de peixe, mas o peixe já tinha ficado todinho no caminho.

Por isso eu acredito que, muitas vezes, não é bom a gente abusar e nem falar besteira quando a gente vê a Curupira. Porque onde eu andei, em muitas matas, caçando, eu vi muito remorso de Curupira[116]. Agora, eu nunca abusei e nunca mexi com ela. E, também, nunca ela me mexeu.

---

[115] Esculhambar, nesse sentido, é chamar atenção de alguém de forma muito irada, quase gritando, ralhar.

[116] Sensação da presença da Curupira por perto. Pode ser calafrio ou arrepio.

O mato tem dono

Francisco Lopes dos Santos (Tapioca)
Cuipiranga, Rio Arapiuns

O cara saiu *pra* caçar, entrou no mato. Mato bonito, limpo. De longe ele enxergou uma árvore grande que tinha aquelas sapopemas, um tauarizeiro que tem aquelas sapopemas. Quando ele chegou perto, ele enxergou aquele *vurto*. Parecia um *vurto* de uma pessoa deitada. Quando ele chegou lá perto, o *vurto tava* roncando... Barbado, um bicho assim, peludo, parece um macaco, parecido com uma pessoa. "Isso não é gente!" – ele disse – "E, se não é gente, eu vou já dar um tiro nisso"!

Chegou lá perto, armou a espingarda *pra* atirar na cara do bicho. Engatilhou a espingarda e soltou-lhe na cara do bicho. *Paaaá*!!! Na cara do bicho. O bicho bateu e disse:

– Ai, carapanã[117].

---

117 A palavra carapanã vem do Tupi, e quer dizer mosquito, pernilongo, muriçoca, mais usados em outras regiões do Brasil. Neste caso específico, o Jurupari comparar chumbo com o minúsculo carapanã mostra como a pele deste bicho é muito dura, que nem chumbo consegue furar.

O chumbo caiu *tudo* lá no chão. O bicho bateu e pensou que tinha sido um carapanã. Ele foi saindo devagar e se mandou! Não era pessoa, era o chamado Jurupari. Toda a valência dele era porque o bicho não farejou ele, senão o bicho tinha comido ele.

Eu tenho escutado muitas histórias! Mas eu nunca encontrei, não. Não encontrei mesmo, porque era meu sogro que contava essas histórias. Aqui, aqui mesmo, eu nunca ouvi falar de que tinha Jurupari, não. Mas, agora, o que eu ouvia falar era um tal de Curupira! Curupira e, depois, o Saci. O Saci, ele é o mesmo que a Mãe do mato, Mãe do mato mesmo. Um tempo tinha uma senhora que *tava* aqui com nós, uma curandeira, e ela dizia:

— Olha, meu filho, quando a gente vai caçar, a gente, antes de entrar no mato, na boca do caminho, a gente bate o pé três vezes e pede licença. Pede licença: "Dono, dona daqui, deixa eu caçar!"

Porque se é mesmo, se é verdade mesmo, será que eu vou entrar na sua residência sem pedir licença? Você não ia achar muito bom, né?! E é assim com qualquer pessoa. Sem pedir licença *pro* dono?! A mata tem dono, a Mãe do mato. E ainda tem mais! Que, se duvidar, ela pega a pessoa, *pra* se perder por aí. Pois é. É por isso que muitos se perdem, porque não pedem licença *pro* dono. Porque a mata, a mata tem dono. Ainda mais essas matas grandes!

Aqui dizem que o mato é pouco, dizem que tem o Saci. Ouvi dizer que o Saci é o dono do mato mesmo, porque, quando ele quer sacanear com a pessoa... Tem um folheto que diz que, quando começa um redemoinho, quando aquelas folhas *tão* subindo, diz que é ele que *tá* brincando. Quando não, ele espanta galinha lá *pra* beira!

– *Caiã, caiã, cam, cam, cam*! Arriba, arriba, arriba, arriba, arriba, arriba, arriba!

É ele que *tá* espantando, ele que *tá* fazendo de besta o dono da galinha. Ele se esconde e fica rindo da pessoa!

O gritador

Maria Regis Santana (Dona Sinhá)
Aldeia Aningalzinho, Rio Arapiuns

Pois é, a gente morava no meio da mata. A nossa casa era de palha, era porta de *japá*[118], a parede era de palha. Sempre a gente usava lamparina acesa, à noite. A mamãe amontoava um bocado de latinha de leite e colocava a lamparina atrás.

Quando foi uma vez, ela *tava* acordando a agente, chamando a gente. O papai já tinha saído lá *pra* fora. Ele já tinha feito uma coivara, uma fogueira. Aí, nós *escutemos* um grito longo. "Mas, quem? Gritando uma hora dessas"? Então, o papai disse:

– Olha, eu acordei vocês porque, se for preciso nós *sair* daqui, nós *vai* sair agora. E, se não for preciso, a gente não vai sair.

– Mas, papai, o que é isso?

---

118 É um tipo de trançado de palha de curuá usado em portas, janelas ou cobertura de casas e canoas. Muitas casas do interior ainda usam *porta de japá*.

– Olha, não sei se não é o famoso Jurupari. Mas, se for, ele não encosta onde tem cachorro e nem fogo.

Então, nós saímos. Como nós *era* umas crianças assim, danadinhas, espertas, nós saímos *pro* lado do papai. Além da lenha que ele já tinha tirado à tarde, nós também já tínhamos feito um roçado. Nossa casa era meio dentro da roça, no roçado. Então, nós fomos puxar a lenha que tinha lá. Acendemos uma piraquera[119] – que não tinha lanterna. Era uma piraquera que a gente usava. Acendemos e saímos *pra* puxar lenha. *Puxemos* o pau e pusemos fogo, e botamos lá na coivara, na fogueira. Aí, o grito veio! Ele veio, ele veio, ele veio, ele veio. Depois calou. Quando ele se calou, o papai disse:

– Olha, ele já percebeu o fogo, e os cachorros começaram a gritar.

Os cachorrinhos começaram a gritar, começaram a gritar, começaram a gritar. E mais nós *atentava* os cachorros. Nós *fazia*:

– Isca, isca, arriba, arriba, pega, pega.

E nós avançava *pro* caminho da roça. Nós avançava *pro* caminho da outra roça, que tinha mandioca madura.

---

119 Do Tupi: *pirá* = peixe + *kuera* = morto, finado ou que "já era" = pescaria noturna com fachos e lanternas indígenas. Ou seja, "matança de peixes". Piraquera é um tipo de lanterna feita com uma lata usada e uma parte que protege o fogo contra o vento. Bem antes das lanternas de carbureto e das mais modernas lanternas de pilha ou de bateria, os pescadores só usavam piraquera. Durante as noites, era comum ver a beira dos rios toda iluminada com muitos pontos de luz das piraqueras.

A gente trabalhava, o papai, a mamãe, e nós *ia* lá tirar mandioca e ajudar eles. Assim foi que nós não dormimos mais o resto da noite.

A gente não usava relógio, mas o papai era muito por dentro de saber a hora olhando na lua, olhando no sol, e o papai disse que eram umas três horas da madrugada quando ele se calou. Ele não gritou só uma vez, nem duas, ele gritava *afetivo*[120]:

– *Piiiiiiiiiiiiiiiiiiiiiiiiiiiiiii...*

Parecia que *tava ribando* um cachorro quando *tá* correndo veado[121]. Porque nós, que *moremos* na mata, nós temos o som da mata, nós *caça* de cachorro e nós *tem* dois gritos: um grito *pra* arribar cutia, ele é curto; quando a gente sabe que o cachorro tá correndo veado, a gente arriba, a gente grita com atrito, *pra* dar a respiração da gente. E assim era. Parece que era um homem que vinha arribando um cachorro caçando um veado!

Graças a Deus, nunca mais nós vimos. Não sei o que era aquilo, não sei se era mesmo Jurupari. Ele não se deu bem, porque viu que nós *tava* com a coivara acesa, a fogueira, e os cachorros que gritavam! Que grito de cachorro, a gente escuta longe! E graças a Deus, nunca mais nós

---

120 O termo afetivo aqui, provavelmente, tem o sentido de "efetivo", ou seja, é usado para dar ênfase, dar a ideia de que o Jurupari gritava efetivamente, realmente, com força e sem parar.

121 Grito para incentivar e fazer o cachorro correr atrás da caça, numa caçada.

vimos. Eu não sei, não vou confirmar que era Jurupari ou que não era. Ou se era outro gritador! Mas, que gritava, gritava! É isso que eu sei contar desse tempo que a gente morou aí dentro da mata.

Jurupari não grita mais

Maria Raimunda Laranjeira Pimentel
Tauari, Rio Tapajós

Essa história do Jurupari, o compadre João me contou que, quando eles eram crianças, eles iam para a roça trabalhar. Um certo dia, eles estavam trabalhando na roça, eles escutaram um grito muito longe, um grito muito forte. Todo mundo correu para a canoa com medo, e o pai dele falou para ele que era o Jurupari. É um bicho que tem na mata, ele tem a boca no peito. Se pegar qualquer pessoa, ele come. Um bicho muito perigoso! Bala não entra nele. Só se acertar na boca, para matar o Jurupari.

Eles contavam que antigamente aqui, quando não tinha essa *desmatação*[122] muito forte, essas derrubadas, era só mata virgem, então sempre eles ouviam o grito do Jurupari. Sempre que *tavam* na roça, sempre corriam com medo. Esse bicho baixava[123] gritando. Ele sente – *diz que* – as pessoas de longe. E ele vinha gritando...

---

122 Desmatamento.

123 O termo baixar é usado para indicar o deslocamento do *centro* da mata para a vila ou a *beira* do rio, ou do interior para a cidade. Nas

Hoje em dia, praticamente a gente não ouve mais. Esses antigos contam que é por causa da grande *desmatação* e derrubada, que vão destruindo e vão destruindo, e espantando os bichos *pra* longe da floresta. Por causa dessa grande *desmatação*, a gente nunca mais ouviu mais falar de Jurupari. Nunca mais ouvi falar que ele grite, ou que eles ouçam. A zoada, nunca mais eu vi.

---

cidades, baixar pode ser ir para o centro comercial, que normalmente fica na beira do rio, na frente da cidade.

O tesouro enterrado

Hipólito Silva
Aldeia Muratuba, Rio Tapajós

Já *tava* madurão o rapaz. Nós *fazia* farinha lá na comunidade, que era Camará e hoje é Vista Alegre. Nós *fazia* farinha lá, eu com a minha irmã. Nós anoitecemos fazendo a farinha. Nós viemos de lá já eram umas oito horas da noite, só que era luar. A estrada passava rés ao barranco.

Quando *cheguemos* onde é minha casa, passando um pouco era a casa do finado Júlio Castro. O caminho descia lá, descia um barrancozinho e subia lá na frente. Na descida que nós *ia* descendo, eu fui deparar com um vulto que tinha mais ou menos uns 2m de altura e quase 1m de grossura. Era o vulto de uma pessoa. *Tava* bem perto, bem, bem, bem no caminho! Era de noite, só que era luar. Aquele claro da lua dava bem mesmo em cima, e eu compreendi que era uma pessoa, aquele vulto grande. Aí, eu escorei. No que eu escorei, a minha irmã veio atrás de mim, deu de testada na minha cara. *Teii!!!* Então, eu disse:

– Cala a boca e aquieta! Espia[124] aí *pra* frente!

---

[124] Usa-se muito o verbo espiar, na região, quando se quer chamar a atenção de alguém para algo. O sentido é o mesmo de "Olha!".

No que ela enxergou, ela me puxava *pra* trás, *pra mim* voltar. Voltamos, descemos lá onde é hoje meu caminho; descemos pela beira e fomos lá pela praia. Nós *morava* aqui, desse lado do igarapé. Depois, quando eu casei, é que eu mudei minha casa *pra* lá.

Uma noite eu vinha da pescaria. Era uma meia-noite *pra* uma hora da manhã, no que eu encostei lá no porto de casa. Era noite, era tempo de cheia, dava muito peixe arpoado na zagaia[125]. Eu *tava* enfiando os peixes. Quando eu vi, foi *a modo* que derramou um monte de lata lá do barranco *pra* beira da água. *Babarabababa*!!! Aquele monte de lata. Eu arregacei o fogo da lanterna. *Lumiava pra* cima e enfiava o peixe, *lumiava pra* cima e enfiava o peixe. Eu pensei: "Eu tenho que subir aí". Até que eu subi. Cheguei lá *em* casa, contei *pras* duas. Passou aquela noite.

Na outra noite eu não fui pescar, eu fui dormir. No sonho que eu *tava* sonhando, a nossa casa era uma casa de barro. O quarto da frente só era aquelas fitas. Tipo fita que faz daquele papel crepom que trança, ela fica tipo um "x". Mas só que aquilo brilhava, aquelas fitas. Eu digo:

– *Pô*, a minha casa *tá* enfeitada!

Eu entro *pro* outro quarto lá de trás, e *tava* enfeitado. Mas era tudo assim, tudo *a modo* que brilhava. E quando eu saio *pra* cozinha, era uma cozinha que não era cercada, era de palha e tinha um fogãozinho de lado. E uma mesinha que ficava bem no meio da casa. Quando eu entrei *pra*

---

[125] Lança curta de arremesso, usada em técnica tradicional de pescaria na região amazônica.

cozinha... O dito, que eu tinha visto lá no barranco, *tava* lá na ilharga[126] da mesa. O dito vulto do homem *tava* em pé do lado da mesa! Olha lá o *marreta do macho*[127]. No que eu deparei com ele, ele disse:

– Rapaz, não fica com medo, não fica com medo. O que é *pra* ti tá bem embaixo desse fogão aí. Tu *pode* tirar *pra* ti.

Aí, eu me acordei! *Me* acordei e chamei:

– Ju! Ju! Ju! Ju!

– O que é?

– Rapaz, eu sonhei agorinha que o cara veio dar dinheiro *pra* mim, *tá* bem embaixo do fogão.

– Por que tu *contou*? A gente não conta, rapaz.

– Mas ele não veio me dar? *Taí* embaixo do fogão, amanhã eu vou cavar.

De manhã cedo eu fui lá:

– Bem aqui, o cara disse.

– Mas tu já *contou* de novo? Então não vai aparecer *pra* ti. Nós vamos *em* Santarém, a mamãe tem aquele material que os garimpeiros usam, o azougue[128]. O azougue, aquilo é bom!

---

126 Esta é uma das mais típicas palavras regionais. Trata-se de uma adaptação portuguesa para um termo do latim: *iliarica,* que evoluiu para *ilia*, que quer dizer os dois lados inferiores do baixo ventre. Ou seja, ficar na ilharga é ficar encostadinho na cintura, corpo a corpo. O sentido é na beira, pertinho, juntinho, ao lado. Fala-se também "ilharguinha".

127 Um homenzarrão.

128 Termo popular para mercúrio.

Chegando lá, ela *tava* contando *pra* minha sogra. Então, a minha sogra me disse:

– Meu filho, tu *leva* o azougue, o azougue descobre. Que ele vai aonde tiver. Tu *vai*, tu *cava* lá, que é lá que *tá*.

Ela me deu um vidro cheio de azougue. O marido dela trabalhava no garimpo. Eu levei, cheguei lá *em* casa no outro dia e disse:

– Eu vou já fazer o trabalho!

Peguei o vidro do azougue e derramei um bocado lá no chão. Do jeito que eu derramei, desse jeito ficou, não correu nem *pra* um lado e nem *pra* outro. Eu digo: *tá* aqui! Meti o ferro, cavando. Cavei quase 1m, não achei foi nada. Não apareceu, não.

Diz que, quando a gente conta, não aparece. Some. Eu sei que eu perdi esse tesouro!

Merandolino Cobra Grande

José Maria Branches
Cuipiranga, Rio Arapiuns

Eu ouvia muitas histórias que contavam desse Merandolino. Se eu for contar, é porque eu ouvi falar. Eu não sei se é esse mesmo ou se é outro. Ele morava aí nesse Cuipiranga. Esse Cuipiranga, ele vendeu e foi *pro* Mapará, já aí *pra banda* do Arapiuns. E tem muitas histórias, esse Merandolino...

Uma que eu conto é que ele foi *pra* Santarém. Quando chegou lá em Santarém, ele topou, ele enxergou uma lavadeira lavando roupa lá na beira da praia. E lá tinha uma canoa puxada em terra, lá na beira da praia de Santarém. E ele pediu *pra* lavadeira lavar uma roupa *pra* ele. Ela disse que lavava. Ele perguntou por quanto era o trabalho de lavar a roupa, e ela cobrou cinco cruzeiros. Naquele tempo, no tempo do cruzeiro, muito antigo. Ele pagou e disse *pra* ela:

– Você faz o favor de pegar lá embaixo, naquela canoa que *tá* com a boca *pra* baixo. *Tá* lá, a roupa.

Ele foi embora e desapareceu. E ela foi embora ver a roupa. Chegou lá embaixo da canoa, não era roupa. Era só casca de sucuriju[129], era só casca! Ela deu um grito e se espantou! Foram ver, e não viram nada. Era a roupa desse Merandolino! Não sei se é história.

Ele era a Cobra, né? Porque ele era a Cobra Grande.

---

[129] Cobra muito grande e bem conhecida nos rios da Amazônia, que come as criações dos moradores. A cobra tem tanta força que esmaga e engole presas inteiras. Mas aqui se trata da couraça da Cobra Grande, que era a roupa do próprio pajé Merandolino.

Ponta do Toronó, lugar do Merandolino

Jandira Arapium
Aldeia Caruci, Rio Arapiuns

A Ponta do Toronó é um dos pontos sagrados daqui da aldeia. Acredito que muitos já até ouviram falar da Ponta do Toronó, por conta do paradeiro do famoso Merandolino.

Segundo os nossos antepassados, diante dos nossos conhecimentos, nós acreditamos que o Merandolino está presente, situado naquela ponta, às margens daquela ponta. Merandolino foi um homem que viveu no Rio Arapiuns. Após a sua morte, nós acreditamos que ele veio e morou em definitivo naquela ponta. Está definitivamente morando na Ponta do Toronó. *Pra* quem não conhece, é uma praia muito linda. E, *pra* quem não conhece a lenda do Merandolino – que dizem que é uma lenda, mas *pra* nós ele é algo sagrado –, naquela ponta a gente sente a proteção dele ali, presente para os pescadores, os moradores.

Nós, que moramos, nós temos aquela convicção de que, quando nós pedimos sua proteção, ele nos dá essa permissão de chegar lá, nos banhar. Lá é um lugar onde até tem bastante peixe. Mas não são todos que podem chegar lá e pegar esse peixe. Porque os pescadores dizem que, quando ele não quer dar peixe, ele não dá mesmo *pra* ninguém!

    Meu pai conta, minha mãe conta. É uma lenda viva pra nós.

Maria Rosinda

Maria Raimunda Laranjeira Pimentel
Tauari, Rio Tapajós

Maria Rosinda era uma moça que, pelo que os antigos contam, morava aqui nessa comunidade. Certo dia, ela agarrou, foi para a beira tomar banho às seis horas. E nunca mais voltou. O pai dela procurou um pajé da região, e o pajé falou *pros* pais dela que a Maria Rosinda estava encantada! E que, depois de um ano, mais ou menos, ela ia aparecer. Depois de um ano... Passou-se um ano, e os pescadores começaram a ver Maria Rosinda.

Ela flutuava e cantava. Era uma moça muito linda. Os antigos contavam que ela aparecia mais ou menos ali, numa enseada que chamam de Enseada do Seu Ari. Então, ela começou a aparecer. Ela cantava... Viam ela na praia. Todos os pescadores, praticamente, ao meio-dia, às seis horas da manhã, eles viam Maria Rosinda.

Agora ela não aparece mais, não. Porque o pessoal, os antigos dizem assim: antes, aparecia muita gente, muitas embarcações, muitas! Depois disso, sumiu; eles nunca mais viram aparecer.

Quem contava eram os mais antigos, que hoje em dia já são falecidos.

Seu Norato

Maria Régis Santana
Aldeia Aningalzinho, Rio Arapiuns

Tenho 65 anos de idade, sou do Povo Tupaiu. Eu quero contar um pouco dos pajés que, naquela época, faziam trabalho, baixavam espírito, recebiam espírito. Eu lembro bem do pajé que recebia o espírito do Seu Norato.

O Seu Norato foi um homem, uma pessoa encantada. Quebraram o encante dele. Depois, ele ainda trabalhou muito, muito, muito, muito. Depois, ele morreu e ficou o espírito que baixava nos pajés. Então, quando ele vinha *pra* baixar no pajé, a música dele, o hino dele era assim:

> Eu vou chamar o Seu Norato
> Vou chamar o Seu Norato
> Para ver o que me dói
> Para ver o que me dói
>
> Se curar minha cabeça
> Se curar minha cabeça
> Cura meu corpo também
> Cura meu corpo também

Com essas coisas que, antes, existiam, e que a gente consumia bastante, a gente vivia mais, tinha mais vida. Porque os mortos vinham e ensinavam medicação, benziam, rezavam, faziam oração na pessoa. E, com a fé que a gente tinha e tem até agora, a gente ficava curado, ficava bom. Era muito difícil morrer, assim, como morre agora, que morre um atrás do outro. E é isso.

Noratinho e Mariinha

Gracinha Pedroso

Pinhel, Rio Tapajós

Noratinho e Mariinha eram dois irmãos. A Mariinha e o Noratinho eles eram... Eles se criaram... Eles foram formados num ovo!

Uma senhora, andando pela beira do lago, ela encontrou dois ovos. Ela pegou esses dois ovos, levou *pra* casa dela, pegou um pano e guardou num canto. Passaram os dias, e ela e o marido dela foram *pra* roça. Eles foram *pra* roça, a mulher e o marido foram *pra* roça. Aquele ovo ficou lá, parece que já *tava pra* nicar. Quando chegaram, encontraram uma mulher que tinha passado lá pela casa deles. Ela disse ao casal que viu duas crianças brincando ao redor da casa deles.

— *Tavam* brincando de pira[130]. Um corria *pra* um lado, outro corria *pra* outro, brincando.

---

130 Brincadeira de crianças e adolescentes, quando um que tem a *pira* tenta tocar nos outros para passar sua "doença". Isso porque pira é também um ferimento na pele, sarna, uma coceira causada por má higiene ou escabiose. Pira vem do Tupi (*pi* = pele), onde *pirai* significava pele

Quando foi outro dia, essa mulher chegou para a outra e disse assim:

– Mas cadê os teus filhos? Ontem eu passei aqui, e as crianças *tavam* brincando.

– Ah, tenho criança, não.

– Tem, tem, aqui tem criança. Presta atenção, que aqui tem criança. Tem duas crianças, um casal.

– Ah, eu vou lá *pro* centro.

Ela pensou: "Eu vou é fazer que eu vou lá no centro, e eu volto". E ela foi *pra* roça dela. Mas ela voltou rapidinho, ela e o marido. Quando elas chegaram, as crianças *tavam* rodando e gritavam: *coicocoo, coicocoo*! Brincando! Ela foi lá no canto e disse:

– Marido, são aqueles ovos que eu tirei, tão nicados.

Só *tava* a capa dos dois ovos. E as crianças *tavam* brincando! Quando as crianças se deram com ela[131], eles ficaram *tudo* abismado. Ficaram lá se olhando, um *pra* outra.

– Vem cá, *da onde* vocês vieram?

– Nós *mora* aqui, nós moramos aqui com a senhora, nós moramos aqui. Eu sou Maria e esse aqui é Noratinho.

O casal começou a pensar e a conversar, a dialogar um com o outro:

– Pois, olha, esses dois ovos que nós tiramos, são essas crianças que estão aí.

– É, eles mesmos! Quer ver? Nós vamos prestar atenção.

---

doente, mal de pele, hanseníase. Pira não se confunde com *pirá*, que é peixe [que vai dar em pirá-caia, pirá-cuí etc.]

131 Quando as crianças a viram.

Eles foram direto *pro* canto deles.

E as crianças foram crescendo, foram crescendo, foram multiplicando, foram crescendo. Quando já ficaram formados, aí o Noratinho já começava a sair *pras* festas. A Mariinha também. Foi então que começou a tocar a música dele. Ele ia numa festa, tinha o violão, ele pegava e tocava aquela música dele *pra* lá. E eles ficavam só observando. Quando foi um dia, ele arranjou uma namorada. A namorada disse assim: "hoje eu vou pegar fulano, eu vou dormir com ele".

Então, o Noratinho, depois da festa foi descansar no quarto. Dizem que, quando ela chegou lá e abriu a porta do quarto, ela viu aquele monte de cobra no canto da casa. *Tavam* piscando, piscando de um lado *pra* outro, olhando. Aí, ela disse:

– Meu Deus, será que o fulano mora mesmo aqui? Será que ele se *ingerou pra* uma cobra? Será que *ingerou pra* uma cobra?

Então, ela voltou e foi contar *pra* turma. Passou o tempo, na outra festa ela disse:

– Hoje eu pego ele de novo!

Ela foi *na* festa de novo e, quando chegou lá, contou *pra* uns ali:

– Tu queres ver quem ele é? Pega uma estearina[132], coloca no canto do olho dele. Não faz ele cego. Só no canto

---

132 Vela comum de cera, do tipo mais fino, usada para iluminação emergencial, para botar nas mãos do agonizante ou para a *iluminação* no Dia de Finados. No caso, sugere-se que a moça ponha um pouco de cera no canto do olho do namorado.

do olho dele, de um lado e de outro. Assim, vai ver quem ele é.

Diz que ela fez isso com ele. Mas a Mariinha ficou *pra* outro lado. Então, quando ela voltou *pra* casa da mãe dela, ela falou:

– Mamãe, o *mano* ficou lá, assim, assim, assim... Ele ficou *bêbo*. O mano ficou *bêbo*.

Ele não voltou, porque ele pegou[133] o que a namorada tinha feito. Ela seguiu o conselho do pessoal, pegou a estearina, pingou no olho dele: *tchan, tchan*. Ele, percebendo o que tinha acontecido, disse *pra* ela:

– Olha, se tu quiseres me ver, tu *vai* me ver no igarapé. Tu *vai*, leva um par de roupa *pra* mim lá naquele igarapé no porto de casa. Tu *vai* jogar três pedras em cima do meu chifre, e eu vou me desencantar.

Ele ia desincorporar. Ele ia *se ingerar* gente.

Diz que a irmã dele é que fez isso *pra* ele. A namorada dele conversou com ela, e as duas foram na beira do igarapé. Aí, veio aquele monte de cobra. Como já *tava* certo, a menina pegou as pedras. A primeira acertou, a segunda acertou, a terceira acertou. Então, ele pulou fora e desencantou, se desencantou. Ele se balançou e disse assim:

Noratinho está na terra

Com vontade de comer

Não tem pato nem galinha

Para Noratinho comer

É a cantiga do Noratinho!

---

133 Percebeu, entendeu.

Pedra da Jandira encantada

Gracinha Pedroso
Pinhel, Rio Tapajós

Ali na comunidade de Samaúma tem um encante onde foi encantada uma menina. Com 13 anos, ela foi encantada.

Um dia faltou água na casa dela e os pais saíram *pra* roça. Quando faltou água, ela foi pegar um balde com água lá no porto. Chegou lá, ela pisou em cima duma pedra e a pedra deu de andar com ela. Andou, ela andou, ela andou. Quando a mãe chegou da roça, a água já *tava* na cintura dela. A mãe se espantou:

– Minha filha!

Pegaram a canoa e foram *pegar ela*. Tinha um bem-te-vi que cantava na cabeça dela. Ele cantava: *Bemtevi! Bemtevi!*

A menina se encantou com todo o passarinho na cabeça dela. Passou o tempo, ela se encantou naquela pedra. Por muitos tempos ela retornou. Ela cantava a cantiga dela:

> Mamãe, não chorem por mim
> Que um dia eu voltarei
> A pisar em cima da pedra
> Onde eu lá já passei

> Mamãe, não chorem por mim
> Porque eu voltarei
> A pisar em cima da pedra
> Foi lá que eu me encantei

Ela é Jandira, o nome dela é Jandira. Ela baixa nos trabalhos. E ela canta, tão triste, eu acho. Ela chora e canta essa doutrina dela. Triste! Triste! Ela chora...

[Ao dizer estas palavras finais, a pajé Gracinha também estava chorando.]

A equipe

Neste livro trabalhou uma equipe de dois antropólogos e quatro estudantes que ingressaram no projeto quando faziam os estudos interdisciplinares que antecedem as disciplinas específicas do Curso de Direito – área de formação que escolheram, no terceiro semestre da vida universitária. Curiosa composição, diante de uma tradição acadêmica em que advogados costumam se interessar mais pela veracidade dos depoimentos do que pela riqueza das versões das narrativas populares – sobretudo em se tratando de relatos como os que aqui se apresentam. No entanto, esses estudantes, devido a suas origens interioranas ou convivência com pais e avós com larga vivência interiorana, mostraram-se muito sensíveis ao material oral coligido para este livro. Estabeleceram, pois, uma relação afetiva com os casos narrados, e foram constantemente inspirados por memórias de histórias que haviam escutado anos atrás, que os remetiam a experiências próprias ou de familiares, de quem *realmente* viu ou viveu casos semelhantes aos que se trabalhavam. Dessa forma, a equipe se mostrou duplamente interessada pelas narrativas – do ponto de vista intelectual e afetivo – e impregnada por crenças e representações tradicionais do encantamento na Amazônia, que se mantêm vivas mesmo na cidade.

Florêncio Almeida Vaz Filho

Nasci e passei minha infância em Pinhel (Município de Aveiro), uma das mais antigas aldeias indígenas no Baixo Rio Tapajós. Desde cedo fui iniciado na tradição das histórias, dos mitos e crenças ligadas aos encantados. Todo começo de noite, cada um na sua rede, ao redor de uma fogueirinha chamada mãe do fogo, escutávamos os relatos de nossos pais e avós. Dava medo, mas era muito bom. Dormíamos escutando histórias. Assim, desde que me entendo por gente, visagens, assovios do Boto, Pai do igarapé, pássaros agourentos, gente que se ingera, tudo isso para mim é muito familiar e faz parte do meu mundo. Depois, estudei Filosofia e Teologia, tornei-me frade franciscano, fiz a graduação em Ciências Sociais (UFRJ), mestrado em Desenvolvimento e Agricultura (CPDA/UFRRJ) e doutorado em Ciências Sociais/Antropologia (PPGCS/Ufba), sempre estudando a história, o modo de vida e a cultura das comunidades do interior do Baixo Tapajós. Deparei-me com muita depreciação e discriminação sobre este nosso modo de pensar. E isso reforçou minha escolha de fazer desta questão um dos objetos dos meus estudos. Fruto do conhecimento acadêmico adquirido e do despertar para a defesa do território e da história dos nossos povos, propus, em 1997, e ajudei a criar a Resex Tapajós-Arapiuns. No mesmo ano, junto com alguns amigos, criei o

Grupo Consciência Indígena (GCI), que muito tem ajudado no processo de valorização de uma identidade local e na reorganização étnica indígena na região. Incentivamos a história e a cultura dos povos indígenas e comunidades ribeirinhas através de várias atividades, como as Caravanas e Encontros da Cabanagem, em Cuipiranga. Foi também neste sentido que criei em 2007 o programa de rádio A Hora do Xibé. Como professor na UFPa/Ufopa, procuro envolver os alunos nesta realidade que, apesar de estar muito próxima da cidade de Santarém, ao mesmo tempo parece muito distante. Este tem sido meu bom combate.

Luciana Gonçalves de Carvalho
Nasci no Rio de Janeiro, em 1973. Surgiu na infância o gosto por narrativas que, mais tarde, vim reconhecer e estudar sob os conceitos de mitos, histórias maravilhosas, contos de fada, causos, histórias de trancoso ou de assombração. Durante os cursos de mestrado e doutorado em Antropologia, na UFRJ, dediquei-me a estudar diferentes expressões do amplo universo narrativo e performático da cultura popular, em meios urbanos e rurais, principalmente no Rio de Janeiro e no Maranhão. Em 1998 conheci Santarém e algumas de suas comunidades ribeirinhas, a convite do colega Florêncio Vaz. Desde então, foi se conformando o interesse pelas histórias de botos, mães d'água, curupiras, juruparis e muitos outros elementos "descobertos" ao longo de inúmeros trabalhos de campo na região, onde finalmente me fixei em 2010 para atuar

como professora de Antropologia. Nessa função, continuo escutando e lendo histórias como aquelas que me encantavam na infância, além de orientar alunos que compartilham do mesmo gosto.

Greyce Helen Lira Vidal
Nasci em 1994 na cidade de Santarém. Que Cristo abençoe esta cidade! Para quem é desta região, as histórias com as quais tivemos contato no projeto A Hora do Xibé são bem comuns. Pelo menos, são familiares para mim, que tenho avós maternos e paternos vindos, respectivamente, da região do Aritapera e do Carariacá, na várzea do Rio Amazonas. Sempre tive certo contato com essas histórias, desde criança, quando ouvia meus parentes falarem ou quando eu mesma participava das aventuras da minha família no Aritapera, na Cabeça d'Onça e no Carariacá. Estar nesse projeto é aprender um pouco mais de tudo aquilo que já conhecia. *Shalom* a todos! *Shalom* significa paz interior ou entre duas entidades. Desejar *Shalom* a alguém é como abençoá-lo, é desejar-lhe a paz de Deus.

Hérico Felipe Bastos Pereira
Nasci em 1992 na cidade de Santarém. Quando criança, era comum ouvir histórias sobre encantados, contadas por meus avós. Meu avô nasceu em Alter do Chão, viveu no Paracari, em seguida morou na barreira do Tapará e depois em Salvação; já a minha avó é da região do Aritapera. Estas terras são riquíssimas em narrativas que envolvem o ima-

ginário e a realidade cotidiana dos moradores. Apesar de nunca terem visto nenhum dos seres encantados dos quais falavam, meus avós transmitiam tanto realismo quando contavam suas histórias que me revelaram um mundo diferente, que transcende o plano físico em que vivemos. Era um universo novo que me fazia maravilhado, embora às vezes assustado com certas histórias mais assombrosas. Acostumei-me a ouvir e imaginar os contos de Curupira, Jurupari e Boto, entre outros. Cresci tendo ciência desses encantados, e até hoje gosto de escutar histórias sobre eles. Assim, por meio dos relatos que tive o prazer de ouvir e transcrever como voluntário do projeto A Hora do Xibé, pude aprofundar meus conhecimentos sobre esses seres – e ainda descobrir outros que não conhecia.

Kamila Poliane Pereira de Melo
Nasci em Alenquer, no interior do Pará, em setembro de 1987. A paixão e a curiosidade por histórias e contos fantásticos começaram muito cedo, talvez como reflexo da convivência muito próxima que tive, sobretudo durante a infância e a adolescência, com as minhas avós, principalmente a paterna, a Sra. Angélica Mélo. Ela era filha de pai pescador, e sua mãe era benzedeira. Logo, suas histórias sobre boto, cobra grande e curupira eram quase sempre frutos de sua experiência pessoal, uma vez que ela foi criada em ambiente de várzea, o que favoreceu o contato direto com "curiosas experiências". Até ela mesma foi "vítima" de encantados – ela contava. Por isso, ela lhes devotava

um respeito muito grande, sobretudo à curupira. E esse respeito era tão forte e contagiante, que eu o internalizei e trouxe para a vida adulta o fascínio pelas histórias da nossa região. Logo, a oportunidade de trabalhar nesta publicação me trouxe uma satisfação enorme, pois proporcionou a convivência com esse universo narrativo no qual eu fui criada. Este projeto, a meu ver, é essencial não só para a valorização da memória, mas também das crenças locais. Afinal, expressá-las e preservá-las é reconhecer um direito da população local. Portanto, sinto-me agraciada pela oportunidade de ajudar a contar os contos da nossa região.

Katrine Soraia Silva de Almeida Lins

Sou pinta-cuia de coração, e disso tenho muito orgulho. Nasci em 1994 e cresci na margem esquerda do Rio Gurupatuba, brincando de pira-pega, três Marias e elástico, e escutando histórias maravilhosas da Cobra Grande do rio que margeia Monte Alegre, das mães dos poços e igarapés, da guariba que habita as matas da redondeza. Velhos e bons tempos foram esses! O tempo foi passando, e as histórias que, com frequência, eu escutava foram ficando para trás, deixando apenas na lembrança aqueles bons momentos. Até que, porventura, tive a oportunidade de integrar a equipe de voluntários do projeto A Hora do Xibé. Foi um privilégio imenso compartilhar momentos de aprendizagem e companheirismo com os colegas e nossos orientadores, por isso agradeço a todos a cada instante.

Diego Godinho

Nasci em Santarém (Pará), Baixo Tapajós, no ano de 1991. Logo em seguida, fui levado em uma viagem a bordo do Barco Miranda Dias para a cidade de Manaus, onde ganhei o registro em cartório como cidadão do Amazonas. No meio artístico sou conhecido como Di Kayapó, codinome que faz referência a minhas raízes ancestrais de vovó materna. Por parte de vovô materno, essas raízes são vinculadas ao chão de Vila Franca, antiga Aldeia do Povo Arapium. Foi ao lado de vovô, o velho caçador, que fiz meu primeiro desenho em um papel de caderno tamanho A5 já amarelado pelo tempo, em que se vê riscado com cera, uma canoa à beira de um rio corrente; no plano de fundo, uma casa de madeira e a grande floresta. Esse registro me lembra do universo ribeirinho que vivencio desde que vim ao mundo, com suas composições sociais, estéticas de paisagens e poética cabocla. A família foi referência para me moldar como pessoa e artista. Minha mãe Lecy Godinho, tios e tias são fontes de memórias, de causos de atino do invisível, do mal-assombrado, das práticas culturais e vivências que alimentaram e alimentam os meus saberes sobre o povo, de gerações passadas, dos parentes viventes e dos que já partiram. No bairro onde fui criado, vi pajés sacacas chamarem mestres do fundo, e tive contato com pessoas judiadas ou que viram o encante. Meu avô mesmo contava sobre juruparis cantadores no Velho Maripá e vovó dizia ter conhecimento da mulher que pariu boto *pros* lados do Tapajós. Sabendo disso, com o olhar da crença, propus-me a materializar visualmente estas histórias da qual sou herdeiro, em trabalhos dedicados às múltiplas linguagens das artes que envolvem o desenho, ilustração, gravura, artes plásticas, urbanas e digitais, bem como outras práticas do fazer cultural associado à música, cultura popular e à poesia. Por isso, nestes últimos anos, produzi uma série de imagens que deram identidade para capas de EPs de músicos locais, capas de obras audiovisuais, logotipos, marcas de festivais de cinema, de música e cartazes para campanhas educativas e de grandes encontros sociais. O convite do Prof. Florêncio Vaz para ilustrar este livro *Isso tudo é encantado* certamente me encheu de alegria por ter dado a oportunidade de compor visualmente os relatos das histórias de outras pessoas do Baixo Tapajós que também é meu povo. Não tenho dúvidas do sucesso que será expandir a visão destas pessoas acerca do mundo que os rodeia para que leitores do Brasil inteiro possam conhecer o mundo encantado destes lados do país, bem como atingir um grau de compreensão da importância da preservação e conservação dos espaços territoriais para a manutenção da vida de seres visíveis e invisíveis que se relacionam entre si.

Conecte-se conosco:

facebook.com/editoravozes

@editoravozes

@editora_vozes

youtube.com/editoravozes

+55 24 2233-9033

www.vozes.com.br

Conheça nossas lojas:

www.livrariavozes.com.br

Belo Horizonte – Brasília – Campinas – Cuiabá – Curitiba
Fortaleza – Juiz de Fora – Petrópolis – Recife – São Paulo

  Vozes de Bolso

EDITORA VOZES LTDA.
Rua Frei Luís, 100 – Centro – Cep 25689-900 – Petrópolis, RJ
Tel.: (24) 2233-9000 – E-mail: vendas@vozes.com.br